Das Beste aus dem Ofen

Rezepte für Pizza, Braten, Auflauf, Gratin & Co.

INHALT

04 Weight Watchers stellt sich vor

06 Aufläufe, Gratins & Co.

Neben klassischen überbackenen Gerichten lassen würziges Korianderhuhn, saftige Lasagne und zartes Zanderfilet mit Cornflakeskruste die Schlemmerherzen höher schlagen.

46 Ofenhits – Geschmortes & Gebratenes

Egal ob klassischer Schweinebraten zum Sonntagsessen oder knusprigscharfe Chicken Wings für die Party – in diesem Kapitel findet jeder Ofenfan das passende Rezept.

72 Pizza, Quiche & Co.

Heute soll es mal etwas Besonderes sein? Da sind pikante Pflaumen-Frischkäse-Tarte oder Käse-Schinken-Schnecken genau das richtige. Selbstverständlich dürfen aber auch Klassiker wie Pizza Salami oder Zwiebelkuchen nicht fehlen.

106 Register nach Alphabet
107 Register nach Zutaten
112 Impressum

Zutatenlisten aller Rezepte
als Einkaufszettel direkt auf Ihr Handy!

So geht's: QR-Code-Reader im Handy aufrufen und QR-Code scannen. Ein Link führt Sie zur Kapitelübersicht und später zu der Zutatenliste. Handy mit in den Supermarkt nehmen und Einkaufszettel jederzeit aufrufen.

Voraussetzung: internetfähiges Handy mit Kamerafunktion und installierter QR-Code-Reader-App. Durch die Nutzung des Internets können, abhängig von Ihrem Mobilfunkvertrag, Kosten entstehen.

Rezeptinfos:

 ProPoints® Wert pro Person/Stück

zusätzlich kJ / kcal

WEIGHT WATCHERS STELLT SICH VOR

Die richtige Ernährung
ist der erste Schritt!

Schön, dass Sie sich für eins unserer Kochbücher entschieden haben und damit für eine gesunde und ausgewogene Ernährung. Denn dafür steht Weight Watchers immerhin schon seit mehr als 40 Jahren in Deutschland.

Weight Watchers ist weit mehr als eine Diät. Es ist ein ganzheitliches, flexibles Ernährungsprogramm. Neben einer Ernährungsumstellung sind auch Bewegung und persönliche Unterstützung wichtige Bestandteile unseres Konzepts.

Wir bieten Coachings in wöchentlichen Treffen an, wo jeder Interessierte kennenlernen kann, wie abwechslungsreiche Ernährung und Bewegung dazu beitragen können, lange gesund und leistungsfähig zu bleiben und auch erfolgreich sein Wunschgewicht zu erreichen. Wenn Sie mehr der Online-Typ sind, ist Weight Watchers Online vielleicht etwas für Sie – hier gibt's Zugriff auf die besten interaktiven Tools für eine erfolgreiche Abnahme, und die App für unterwegs gibt's automatisch dazu.

Denjenigen, die es individueller gestalten möchten, bieten wir auch persönliche Coachings an.

Unser Ziel ist es, ganz einfach Menschen für einen aktiven und ausgewogenen Lebensstil zu begeistern – dazu gehört auch ein gesundes Körpergewicht. Das Weight Watchers Programm basiert auf aktuellen wissenschaftlichen Erkenntnissen und langer Erfahrung und bietet ein Höchstmaß an Flexibilität und Alltagstauglichkeit.

Die Weight Watchers Kochbücher sind die perfekte Ergänzung auf dem eigenen Weg zum Wunschgewicht. Mit unkomplizierten Rezepten wird Kochen einfach zum Vergnügen! Die leckeren Gerichte sind problemlos nachzukochen und gelingen immer. Und das mit frischen Zutaten, die Sie in jedem gut sortierten Supermarkt erhalten. Dabei müssen Sie auf nichts verzichten und können gleichzeitig Familie und Freunde mit abwechslungsreichen Weight Watchers Gerichten verwöhnen. Unsere Fertiggerichte und Snacks runden unser Angebot ab und sind eine gesunde und schnelle Alternative im stressigen Alltag, wenn keine Zeit fürs Kochen da ist.

Wie das Weight Watchers Programm funktioniert, schildert Ihnen Nadine auf den Seiten 110 und 111.

Auf jeden Fall wünschen wir Ihnen gutes Gelingen und guten Appetit!

Ihr Weight Watchers Team

Aufläufe, Gratins & Co.

Alle Zutaten vorbereiten, in die Auflaufform damit und ab in den Ofen! Diese abwechslungsreichen Aufläufe, Gratins und Ofengerichte mit ihren Knusper- und Käsekrusten sind einfach gut!

AUFLÄUFE, GRATINS & CO.

Kartoffelauflauf „Tex Mex"

Fertig in: 65 Minuten
davon im Ofen: 45 Minuten

Für 4 Personen:
2 Zwiebeln
200 g Rinderfilet
150 g Kidneybohnen (Konserve)
500 g grüne Bohnen (Konserve)
150 g Mais (Konserve)
50 g milde, eingelegte Peperoni
1,2 kg festkochende Kartoffeln
1 TL Pflanzenöl
750 ml Tomatensaft
Salz
Chilipulver
1 TL getrockneter Oregano
1 Prise Zucker
100 g geriebener Käse,
30 % Fett i. Tr.

1975 kJ
472 kcal

1. Zwiebeln schälen und würfeln. Rinderfilet trocken tupfen und in Streifen schneiden. Kidneybohnen abspülen und mit grünen Bohnen, Mais und Peperoni abtropfen lassen. Peperoni in Ringe schneiden. Kartoffeln waschen, mit Schale in Spalten schneiden und in eine Fettpfanne geben. Backofen auf 200° C (Gas: Stufe 3, Umluft: 180° C) vorheizen.

2. Öl in einer Pfanne erhitzen, Zwiebelwürfel und Rinderfiletstreifen darin ca. 5 Minuten rundherum anbraten und auf den Kartoffelspalten verteilen. Bratensatz mit Tomatensaft ablöschen und Kidneybohnen mit Mais und grünen Bohnen untermischen. Mit Salz, Chilipulver und Oregano kräftig würzen, mit Zucker verfeinern und über den Auflauf geben.

3. Auflauf mit Peperoniringen und Käse bestreuen und im Backofen auf mittlerer Schiene ca. 40–45 Minuten backen. Nach ca. 20 Minuten Backzeit mit Alufolie abdecken. Kartoffelauflauf servieren.

Thai-Auflauf mit Seeteufel

Fertig in: 50 Minuten
davon im Ofen: 20 Minuten

Für 4 Personen:
400 g Seeteufelfilet
(ersatzweise Seelachsfilet)
1 unbehandelte Limette
160 g trockener Basmatireis
Salz
1 Stück Ingwer (ca. 2 cm)
1 Knoblauchzehe
200 g Zuckererbsenschoten
4 rote Paprika
2 gelbe Paprika
1 TL Pflanzenöl
150 ml Gemüsebrühe
(1/2 TL Instantpulver)
100 ml Kokosmilch
1 EL Mehl
1–2 TL grüne Currypaste
3 EL Kokosraspel
2 EL gehackter Koriander

pro Person
 1551 kJ
369 kcal

1. Seeteufelfilet abspülen, trocken tupfen und in Stücke schneiden. Limettenschale abreiben und Limette auspressen. Seeteufelstücke mit Limettensaft und -schale mischen. Reis nach Packungsanweisung in Salzwasser garen. Ingwer schälen und mit Knoblauch fein hacken. Zuckererbsenschoten und Paprika waschen, Paprika entkernen und würfeln.

2. Backofen auf 180° C (Gas: Stufe 2, Umluft: 160° C) vorheizen. Öl in einem Topf erhitzen, Knoblauch- und Ingwerwürfel darin andünsten. Zuckererbsenschoten und Paprikawürfel zugeben und ca. 5 Minuten mitdünsten. Mit Brühe ablöschen.

3. Kokosmilch mit Mehl und Currypaste verrühren, zum Gemüse geben und aufkochen. Reis und Seeteufelfiletstücke vorsichtig unterheben. Masse in eine Auflaufform (ca. 20 x 30 cm) füllen. Mit Kokosraspeln bestreuen und im Backofen auf mittlerer Schiene ca. 20 Minuten garen. Thai-Auflauf mit Koriander bestreut servieren.

AUFLÄUFE, GRATINS & CO.

Gemüselasagne mit Pinienkernen

Fertig in: 75 Minuten
davon im Ofen: 50 Minuten

Für 6 Personen:
450 g Blattspinat (TK)
1 kg Karotten
Salz
Pfeffer
1 EL Olivenöl
4 Knoblauchzehen
1,6 kg stückige Tomaten
200 ml Tomatensaft
4 EL gemischte Kräuter
(z. B. Thymian, Basilikum, Majoran)
Chiliflocken
20 trockene Lasagneplatten
2 EL Pinienkerne
100 g geriebener Käse, 30 % Fett i. Tr.

1. Blattspinat auftauen lassen und gut ausdrücken. Karotten schälen, in Scheiben schneiden, in kochendem Salzwasser ca. 5 Minuten vorgaren und kalt abschrecken. Öl in einem Topf erhitzen, Knoblauch hineinpressen und kurz dünsten. Mit Tomaten und Tomatensaft ablöschen, mit Kräutern und Chiliflocken verfeinern, salzen, pfeffern und ca. 5 Minuten köcheln lassen. Backofen auf 180° C (Gas: Stufe 2, Umluft: 160° C) vorheizen.

2. Lasagneplatten mit Tomatensauce, Karottenscheiben und Blattspinat in eine Fettpfanne schichten und mit Pinienkernen und Käse bestreuen. Im Backofen auf mittlerer Schiene ca. 40–50 Minuten backen und Lasagne servieren.

pro Person

2055 kJ
490 kcal

Korianderhuhn auf Limettencouscous

Fertig in: 65 Minuten
davon Marinierzeit: 30 Minuten
davon im Ofen: 20 Minuten

Für 4 Personen:
800 g Hähnchenbrustfilet
4 TL Olivenöl
1 EL gehackter Koriander
100 ml Limettensaft
Salz
Pfeffer
10 grüne Oliven, pur, ohne Stein
160 g trockener Couscous
500 ml Gemüsebrühe
(2 TL Instantpulver)
80 g geriebener Käse,
30 % Fett i. Tr.

 1843 kJ
441 kcal

1. Hähnchenbrustfilet abspülen und trocken tupfen. Öl, Koriander und 3 Esslöffel Limettensaft verrühren, mit Salz und Pfeffer würzen. Marinade mit Hähnchenbrustfilet in einen Gefrierbeutel geben, gut verkneten und im Kühlschrank ca. 30 Minuten marinieren. Oliven in Ringe schneiden, mit Couscous mischen und in eine Auflaufform (ca. 20 x 30 cm) geben. Brühe aufkochen, restlichen Limettensaft dazugeben, über den Couscous gießen und ca. 10 Minuten quellen lassen. Backofen auf 200° C (Gas: Stufe 3, Umluft: 180° C) vorheizen.

2. Hähnchenbrustfilet abtropfen lassen und Marinade dabei auffangen. Hähnchenbrust in einer Pfanne fettfrei ca. 5 Minuten von jeder Seite scharf anbraten und mit Marinade ablöschen. Couscous mit einer Gabel auflockern, Fleisch in Tranchen schneiden und auf den Couscous legen. Korianderhuhn mit Käse bestreuen, im Backofen auf mittlerer Schiene ca. 15–20 Minuten gratinieren und servieren.

Dazu schmeckt Fenchelsalat:

2 Fenchelknollen in feinen Streifen und Filets von 1 Grapefruit mischen. Saft von 1 Grapefruit mit 50 ml Gemüsebrühe (2 Prisen Instantpulver), 2 TL gehacktem Basilikum und 1 TL Honig verrühren. Salat mit Dressing mischen. Mit Salz, Pfeffer und Zitronensaft abschmecken und auf 200 g Feldsalat anrichten. Der *ProPoints*® Wert pro Person ändert sich nicht.

AUFLÄUFE, GRATINS & CO.

Zanderfilet mit Cornflakeskruste

Fertig in: 40 Minuten
davon im Ofen: 20 Minuten

Für 2 Personen:
400 g festkochende Kartoffeln
Salz
Pfeffer
2 Zanderfilets (à 125 g)
1 TL Zitronensaft
30 g Cornflakes
1 TL gehackte Petersilie
1 TL gehackter Dill
1 TL Schnittlauchringe
1 EL Halbfettmargarine
50 ml Gemüsebrühe
(2 Prisen Instantpulver)
1 TL Olivenöl
1 EL heller Balsamicoessig
1 Prise Zucker
250 g Cocktailtomaten
250 g Tomaten
1/2 Bund Lauchzwiebeln
1/2 Bund Basilikum

1. Kartoffeln schälen, halbieren und in Salzwasser ca. 20 Minuten garen. Backofen auf 180° C (Gas: Stufe 2, Umluft: 160° C) vorheizen. Zanderfilets abspülen, trocken tupfen und mit Zitronensaft, Salz und Pfeffer würzen. In eine Auflaufform (ca. 20 x 30 cm) legen.

2. Cornflakes in einen Gefrierbeutel geben und zerdrücken. Mit Kräutern und Margarine verkneten und auf die Zanderfilets streichen. Im Backofen auf mittlerer Schiene ca. 20 Minuten backen.

3. Kartoffeln abgießen und in Scheiben schneiden. Für das Dressing Brühe mit Öl, Essig und Zucker verrühren. Mit Salz und Pfeffer abschmecken und über die warmen Kartoffelscheiben gießen. Tomaten und Lauchzwiebeln waschen. Cocktailtomaten halbieren, Tomaten in Spalten und Lauchzwiebeln in Ringe schneiden. Unter die Kartoffelscheiben mischen. Basilikum waschen, trocken schütteln, grob hacken und unter den Kartoffelsalat heben. Zanderfilet mit Tomaten-Kartoffel-Salat servieren.

pro Person
 1728 kJ
413 kcal

AUFLÄUFE, GRATINS & CO.

Gartengemüseauflauf mit Cremesauce

Fertig in: 60 Minuten
davon im Ofen: 20 Minuten

Für 4 Personen:
3 Kohlrabi
4 Karotten
400 g Sellerie
400 g Zuckererbsenschoten
2 TL Pflanzenöl
250 ml Gemüsebrühe
(1 TL Instantpulver)
1 Dose Mais
(285 g Abtropfgewicht)
400 g Erbsen (TK)
100 ml trockener Weißwein
4 EL Crème légère
60 g Schmelzkäse, 20 % Fett i. Tr.
2 EL heller Saucenbinder
1 EL gemischte Kräuter
(z. B. Schnittlauchringe,
Petersilie, Kerbel)
Salz
Pfeffer
Currypulver
1 Kugel Mozzarella light
2 Brötchen

1. Kohlrabi, Karotten und Sellerie schälen und würfeln. Zuckererbsenschoten waschen. Öl in einem Topf erhitzen und Gemüse darin ca. 2–3 Minuten andünsten. Mit Brühe ablöschen und ca. 5 Minuten köcheln lassen. Backofen auf 180° C (Gas: Stufe 2, Umluft: 160° C) vorheizen.

2. Mais abtropfen lassen und mit Erbsen und Weißwein zum Gemüse geben. Mit Crème légère und Schmelzkäse verfeinern, Saucenbinder und Kräuter dazugeben und cremig einköcheln lassen. Gemüse mit Salz, Pfeffer und Currypulver kräftig würzen und in eine Fettpfanne füllen.

3. Mozzarella abtropfen lassen, in kleine Würfel schneiden und Auflauf damit bestreuen. Im Backofen auf mittlerer Schiene ca. 20 Minuten überbacken. Brötchen in Scheiben schneiden und mit Gemüseauflauf servieren.

2053 kJ
489 kcal

Gemüsevielfalt:

Variieren Sie das Gemüse je nach Angebot der Saison und verwenden Sie z. B. Kürbis, Spitzkohl und Zucchini oder Paprika, Tomaten und Auberginen.

AUFLÄUFE, GRATINS & CO.

Balsamicoente auf Birnenrotkohl

Fertig in: 90 Minuten
davon Marinierzeit: 60 Minuten
davon im Ofen: 20 Minuten

Für 4 Personen:
360 g Entenbrust, mit Haut
1 unbehandelte Orange
50 ml dunkler Balsamicoessig
6 TL kalorienreduzierte Himbeerkonfitüre
1 TL Pflanzenöl
1 Rotkohl (ca. 1 kg)
2 Birnen
Kümmel
1 Lorbeerblatt
Kardamom
150 ml Gemüsebrühe
(1/2 TL Instantpulver)
125 ml Apfelsaft
Salz
Pfeffer
80 g Emmentaler, 45 % Fett i. Tr.

1717 kJ
410 kcal

1. Entenbrust abspülen und trocken tupfen. Orangenschale abreiben und Orange auspressen. Für die Marinade Essig mit Konfitüre, Öl, 3 Esslöffeln Orangensaft und 1/2 Teelöffel Orangenschale verrühren. Entenbrust und Marinade in einen Gefrierbeutel geben, gut verkneten und im Kühlschrank ca. 1 Stunde marinieren. Rotkohl putzen, vierteln, den Strunk entfernen und Kohl in Streifen schneiden. Birnen vierteln, entkernen, schälen und in Spalten schneiden.

2. Rotkohlstreifen mit Kümmel, Lorbeerblatt und Kardamom würzen, in Brühe und Apfelsaft ca. 15–20 Minuten dünsten. Backofen auf 200° C (Gas: Stufe 3, Umluft: 180° C) vorheizen. Lorbeerblatt entfernen, Birnenspalten unterheben und mit Salz und Pfeffer abschmecken. In eine Auflaufform (ca. 25 x 35 cm) füllen und im Backofen auf mittlerer Schiene ca. 10 Minuten backen.

3. Entenbrust abtropfen lassen und Marinade dabei auffangen. Entenbrust zuerst auf der Haut, dann auf der Fleischseite in einer Pfanne fettfrei anbraten und mit restlicher Marinade ablöschen. Entenbrust in Streifen schneiden und auf den Birnenrotkohl geben. Emmentaler reiben, Auflauf damit bestreuen, weitere ca. 5–10 Minuten überbacken und servieren.

Dazu schmecken Salzkartoffeln:
Dafür 600 g festkochende Kartoffeln in Salzwasser ca. 20 Minuten garen und zum Auflauf servieren. Der *ProPoints*® Wert pro Person erhöht sich auf 11.

Kabeljaugratin mit Blumenkohl

Fertig in: 50 Minuten
davon im Ofen: 25 Minuten

Für 4 Personen:
800 g festkochende Kartoffeln
Salz
Pfeffer
1,2 kg Blumenkohlröschen (TK)
500 ml Gemüsebrühe
(2 TL Instantpulver)
500 g Kabeljaufilet
1/2 Zitrone
geriebene Muskatnuss
100 g geriebener Käse,
30 % Fett i. Tr.
2 EL gehackte Petersilie

pro Person
1576 kJ
376 kcal

1. Kartoffeln schälen, in Scheiben schneiden und in Salzwasser ca. 10 Minuten vorgaren. Blumenkohlröschen in Brühe ca. 5 Minuten vorgaren. Kabeljaufilet abspülen, trocken tupfen, salzen, pfeffern und in Würfel schneiden. Backofen auf 180° C (Gas: Stufe 2, Umluft: 160° C) vorheizen.

2. Kartoffelscheiben und Blumenkohlröschen abgießen, dabei 200 ml Blumenkohlbrühe auffangen. Kartoffelscheiben in eine Auflaufform (ca. 20 x 30 cm) geben. Kabeljauwürfel darauf verteilen. Zitronenhälfte auspressen und Auflauf mit Zitronensaft beträufeln. 300 g Blumenkohlröschen zur Seite stellen, den Rest in die Auflaufform geben.

3. Restliche Blumenkohlröschen in aufgefangener Kochbrühe pürieren. Mit Salz, Pfeffer und Muskatnuss abschmecken. Sauce über den Auflauf gießen, mit Käse bestreuen und im Backofen auf mittlerer Schiene ca. 25 Minuten backen. Gratin mit Petersilie bestreut servieren.

AUFLÄUFE, GRATINS & CO.

Rote Bete mit Ziegenkäse-Honig-Kruste

Fertig in: 35 Minuten
davon im Ofen: 25 Minuten

Für 2 Personen:
4 Lauchzwiebeln
500 g vorgegarte Rote Bete (vakuumverpackt)
2 Lorbeerblätter
1 Knoblauchzehe
4–5 EL Weißweinessig
Salz
Pfeffer
90 g geriebener Ziegengouda, 45 % Fett i. Tr.
1 TL getrockneter Thymian
4 TL Honig
2 Brötchen

1. Backofen auf 200° C (Gas: Stufe 3, Umluft: 180° C) vorheizen. Lauchzwiebeln waschen und in Stücke, Rote Bete in Würfel schneiden und mit Lorbeerblättern in einer Auflaufform (ca. 20 x 30 cm) verteilen. Knoblauch pressen, mit Essig verrühren, mit Salz und Pfeffer würzen und Auflauf damit beträufeln.

2. Mit Ziegengouda und Thymian bestreuen, mit Honig beträufeln und im Backofen auf mittlerer Schiene ca. 25 Minuten backen. Brötchen in Scheiben schneiden und rösten. Rote Bete mit Brötchenscheiben servieren.

1794 kJ
429 kcal

Variante:
Rote Bete durch 500 g Weißkohl ersetzen. Weißkohl in Streifen schneiden, in kochendem Salzwasser ca. 5 Minuten blanchieren und gut abtropfen lassen. Der *ProPoints*® Wert pro Person ändert sich nicht.

Reis-Tatar-Auflauf mit Aubergine

Fertig in: 55 Minuten
davon im Ofen: 30 Minuten

Für 2 Personen:
80 g trockener Langkornreis
Salz
2 Zwiebeln
1 Aubergine (ca. 350 g)
2 Knoblauchzehen
1 TL Pflanzenöl
120 g Tatar
Pfeffer
1/4 TL Kurkuma
400 g stückige Tomaten
1 TL Harissa
10 Cashewnüsse
40 g Ziegengouda, 45 % Fett i. Tr. (ersatzweise Parmesan)
1/2 Bund glatte Petersilie
250 g Magermilchjoghurt
Cayennepfeffer

pro Person
1901 kJ
454 kcal

1. Reis nach Packungsanweisung in Salzwasser garen. Zwiebeln schälen, Aubergine waschen und mit Zwiebeln in Würfel schneiden. Knoblauch pressen. Öl in einem Topf erhitzen und Tatar mit Zwiebelwürfeln und der Hälfte des Knoblauchs darin ca. 5 Minuten anbraten. Backofen auf 180° C (Gas: Stufe 2, Umluft: 160° C) vorheizen.

2. Tatar mit Salz, Pfeffer und Kurkuma kräftig würzen. Tomaten angießen, Auberginenwürfel zufügen und kurz erhitzen. Harissa und Reis untermischen und in eine Auflaufform (ca. 20 x 30 cm) füllen. Nüsse grob hacken, Käse reiben und den Auflauf damit bestreuen. Im Backofen auf mittlerer Schiene ca. 30 Minuten überbacken.

3. Für die Joghurtsauce Petersilie waschen, trocken schütteln, Blätter abzupfen, grob hacken und mit Joghurt und restlichem Knoblauch verrühren. Joghurtsauce mit Salz und Cayennepfeffer abschmecken und zum Reis-Tatar-Auflauf servieren.

Spinatvariante:

Tauschen Sie die Aubergine gegen 350 g Blattspinat (TK) aus. Dafür Spinat auftauen lassen, ausdrücken, grob hacken und mit Reis untermischen. Der ProPoints® Wert pro Person ändert sich nicht.

AUFLÄUFE, GRATINS & CO.

Cannelloni mit Tunfisch-Frischkäse-Füllung

Fertig in: 75 Minuten
davon im Ofen: 40 Minuten

Für 4 Personen:
1 Knoblauchzehe
2 **Stangen** Lauch
3 Zwiebeln
1/2 **Bund** Schnittlauch
2 **Dosen** Tunfisch,
im eigenen Saft
(à 150 g Abtropfgewicht)
240 g Frischkäse,
bis 1 % Fett absolut
Salz
Pfeffer
12 trockene Cannelloni
1 TL Pflanzenöl
1 kg passierte Tomaten
Paprikapulver
1 TL gehacktes Basilikum
1 Prise Zucker
100 g geriebener Käse,
30 % Fett i. Tr.

1. Knoblauch pressen. Lauch waschen und in Ringe schneiden. Zwiebeln schälen und würfeln. Schnittlauch waschen, trocken schütteln und in Ringe schneiden. Tunfisch abtropfen lassen, mit Schnittlauch, Frischkäse, Knoblauch und der Hälfte der Zwiebelwürfel vermischen. Masse salzen, pfeffern und Cannelloni damit füllen. Cannelloni in eine Auflaufform (ca. 25 x 28 cm) legen und mit restlicher Füllung bestreichen. Backofen auf 200° C (Gas: Stufe 3, Umluft: 180° C) vorheizen.

2. Öl in einer Pfanne erhitzen und Lauchringe mit restlichen Zwiebelwürfeln darin ca. 10 Minuten dünsten. Mit Tomaten ablöschen und mit Salz, Paprikapulver, Basilikum und Zucker würzen. Cannelloni mit Sauce übergießen. Mit Käse bestreuen, im Backofen auf mittlerer Schiene ca. 40 Minuten backen und servieren.

1648 kJ
391 kcal

Variante 1:
Tauschen Sie den Tunfisch gegen 300 g Tatar aus. Braten Sie das Tatar mit 1 TL Pflanzenöl krümelig an und verwenden es dann wie den Tunfisch. Der *ProPoints*® Wert pro Person erhöht sich auf 9.

Variante 2:
Ersetzen Sie den Tunfisch durch 150 g Räucherlachs in Streifen. Der *ProPoints*® Wert pro Person ändert sich nicht.

AUFLÄUFE, GRATINS & CO.

Tortellini-Wirsing-Gratin

Fertig in: 50 Minuten
davon im Ofen: 20 Minuten

Für 2 Personen:
1/2 Wirsing (ca. 500 g)
2 rote Paprika
100 g trockene Tortellini
(mit Käsefüllung)
Salz
2 TL Pflanzenöl
Pfeffer
getrockneter Estragon
250 ml Gemüsebrühe
(1 TL Instantpulver)
125 g Schmelzkäse,
20 % Fett i. Tr.
2 EL süßer Senf
Paprikapulver
geriebene Muskatnuss

1. Wirsing putzen, halbieren und den Strunk entfernen. Paprika waschen, entkernen und mit Wirsing in Streifen schneiden. Tortellini nach Packungsanweisung in Salzwasser garen. Backofen auf 200° C (Gas: Stufe 3, Umluft: 180° C) vorheizen.

2. Öl in einer Pfanne erhitzen, Wirsing- und Paprikastreifen darin ca. 5–10 Minuten dünsten, mit Salz, Pfeffer und Estragon würzen und mit Brühe ablöschen. Schmelzkäse darin auflösen und mit Senf, Paprikapulver und Muskatnuss abschmecken.

3. Tortellini abtropfen lassen und in eine Auflaufform (ca. 20 x 30 cm) geben. Wirsing-Paprika-Masse darauf verteilen und im Backofen auf mittlerer Schiene ca. 20 Minuten backen. Tortellini-Wirsing-Gratin servieren.

pro Person

1791 kJ
426 kcal

AUFLÄUFE, GRATINS & CO.

Schinken-Spargel-Auflauf

Fertig in: 65 Minuten
davon im Ofen: 35 Minuten

Für 2 Personen:
500 g festkochende Kartoffeln
750 g weißer Spargel
(ersatzweise Konserve)
Salz
6 Scheiben roher Schinken
100 ml fettarme Milch
3 Eier
Pfeffer
1 Prise geriebene Muskatnuss
2 EL gehackte Petersilie
3 EL geriebener Käse,
30 % Fett i. Tr.

pro Person
2699 kJ
648 kcal

1. Kartoffeln schälen und in Würfel schneiden, Spargel schälen, die holzigen Enden abschneiden und jeweils in Salzwasser ca. 10 Minuten garen. Backofen auf 180° C (Gas: Stufe 2, Umluft: 160° C) vorheizen. Kartoffelwürfel und Spargelstangen abtropfen lassen. Je 3–4 Spargelstangen mit 1 Scheibe Schinken umwickeln und mit Kartoffelwürfeln in eine Auflaufform (ca. 20 x 28 cm) geben.

2. Milch mit Eiern verquirlen, kräftig mit Salz, Pfeffer und Muskatnuss würzen, Petersilie untermischen und über den Auflauf verteilen. Schinken-Spargel-Auflauf mit Käse bestreuen, im Backofen auf mittlerer Schiene ca. 35 Minuten backen und servieren.

AUFLÄUFE, GRATINS & CO.

Meeresfrüchte-Tagliatelle aus dem Ofen

Fertig in: 40 Minuten
davon im Ofen: 20 Minuten

Für 4 Personen:
600 g küchenfertige Meeresfrüchte (TK)
160 g trockene Tagliatelle
Salz
2 Knoblauchzehen
2 TL Olivenöl
Chilipulver
800 g stückige Tomaten
2 TL getrockneter Thymian
4 EL Paniermehl
80 g geriebener Käse, 30 % Fett i. Tr.

pro Person
1454 kJ
346 kcal

1. Meeresfrüchte auftauen lassen, abspülen und trocken tupfen. Tagliatelle nach Packungsanweisung in Salzwasser garen. Backofen auf 200° C (Gas: Stufe 3, Umluft: 180° C) vorheizen. 1 Knoblauchzehe pressen. Öl in einer Pfanne erhitzen, Knoblauch und Meeresfrüchte dazugeben, mit Salz und Chilipulver würzen und ca. 5 Minuten anbraten. Mit Tomaten ablöschen, Thymian unterrühren und mit Salz abschmecken.

2. Für die Kruste restlichen Knoblauch pressen, mit Paniermehl, 1 Teelöffel Thymian und Käse vermischen. Nudeln abgießen, mit der Sauce vermengen und in eine Auflaufform (ca. 25 x 30 cm) geben. Auflauf mit Paniermehl-Käse-Mischung bestreuen und im Backofen auf mittlerer Schiene ca. 20 Minuten backen. Meeresfrüchte-Tagliatelle servieren.

AUFLÄUFE, GRATINS & CO.

Grünkohl-Kartoffel-Gratin

Fertig in: 1 Stunde 40 Minuten
davon im Ofen: 60 Minuten

Für 4 Personen:
1 kg festkochende Kartoffeln
Salz
800 g Grünkohl (ersatzweise TK)
150 g Mettenden
600 ml Gemüsebrühe
(2 TL Instantpulver)
7 EL Senf
Pfeffer
3 EL gemischte gehackte Kräuter
4 EL Paniermehl

1883 kJ
450 kcal

1. Kartoffeln schälen und in Salzwasser ca. 20 Minuten garen. Grünkohl putzen, waschen und hacken. Mettenden in Scheiben schneiden. Mettendenscheiben in einem heißen Topf auslassen, Grünkohl dazugeben, ca. 5 Minuten andünsten und mit Brühe ablöschen. 3 Esslöffel Senf unterrühren, kräftig mit Salz und Pfeffer würzen und ca. 15 Minuten garen. Kartoffeln abgießen und in Scheiben schneiden. Backofen auf 180° C (Gas: Stufe 2, Umluft: 160° C) vorheizen.

2. Grünkohl-Mettenden-Mischung abwechselnd mit Kartoffelscheiben in eine Auflaufform (ca. 20 x 30 cm) schichten. Restlichen Senf mit Kräutern und Paniermehl verrühren und auf dem Auflauf verteilen. Auflauf im Backofen auf mittlerer Schiene ca. 60 Minuten backen und servieren.

Gorgonzola-Nudel-Auflauf mit Walnüssen

Fertig in: 45 Minuten
davon im Ofen: 25 Minuten

Für 2 Personen:
100 g trockene grüne Bandnudeln
Salz
6 Tomaten
2 Schalotten
2 Knoblauchzehen
1 EL Wasser
50 ml trockener Weißwein
250 ml Magermilch
50 g Gorgonzola, 55 % Fett i. Tr.
1 EL heller Saucenbinder
Pfeffer
2 EL gehackte Walnüsse
1 EL geriebener Käse, 30 % Fett i. Tr.

pro Person 1923 kJ
457 kcal

1. Nudeln nach Packungsanweisung in Salzwasser garen. Tomaten kreuzweise einschneiden, mit kochendem Wasser überbrühen, häuten, entkernen und würfeln. Schalotten schälen, in Würfel schneiden und Knoblauch fein hacken. Backofen auf 180° C (Gas: Stufe 2, Umluft: 160° C) vorheizen.

2. Schalottenwürfel und Knoblauch in einem Topf in Wasser ca. 1 Minute andünsten, mit Weißwein und Milch ablöschen und aufkochen. Gorgonzola würfeln. Gorgonzolawürfel in der Sauce auflösen, Saucenbinder einrühren und ca. 1 Minute köcheln lassen. Salzen, pfeffern und Walnüsse untermischen.

3. Bandnudeln abgießen, mit Tomatenwürfeln und Gorgonzolasauce in eine Auflaufform (ca. 20 x 30 cm) füllen. Auflauf mit Käse bestreuen, im Backofen auf mittlerer Schiene ca. 25 Minuten backen und servieren.

AUFLÄUFE, GRATINS & CO.

Batatenauflauf mit Red Snapper

Fertig in: 50 Minuten
davon im Ofen: 20 Minuten

Für 2 Personen:
300 g Bataten (Süßkartoffeln)
3 Zwiebeln
1 Knoblauchzehe
2 TL Erdnussöl
(ersatzweise Pflanzenöl)
Salz
Pfeffer
gemahlener Kreuzkümmel
getrockneter Koriander
250 g Red Snapper-Filet
(ersatzweise Rotbarschfilet)
1 TL Zitronensaft
Chilipulver
2 EL geriebener Parmesan
1 EL gehackte Erdnüsse
2 Römersalatherzen
50 ml Gemüsebrühe
(2 Prisen Instantpulver)
3 EL Weißweinessig

pro Person

2122 kJ
508 kcal

1. Bataten schälen und in dünne Scheiben schneiden. Zwiebeln schälen und 2 Zwiebeln in Würfel schneiden. Knoblauch pressen. Öl in einer Pfanne erhitzen, Batatenscheiben, Zwiebelwürfel und Knoblauch darin ca. 10–15 Minuten braten. Backofen auf 180° C (Gas: Stufe 2, Umluft: 160° C) vorheizen. Bataten-Zwiebel-Mischung mit Salz, Pfeffer, Kreuzkümmel und Koriander würzen.

2. Red Snapper abspülen, trocken tupfen, halbieren, mit Zitronensaft beträufeln und mit Salz und Chilipulver kräftig würzen. Die Hälfte der Bataten-Zwiebel-Mischung in eine Auflaufform (ca. 20 x 30 cm) füllen, Fischfilet daraufgeben und mit restlichen Batatenscheiben bedecken. Mit Parmesan und Erdnüssen bestreuen und im Backofen auf mittlerer Schiene ca. 20 Minuten backen.

3. Für den Salat restliche Zwiebel in Würfel schneiden. Salat waschen, trocken schleudern und in mundgerechte Stücke zerteilen. Brühe, Essig und Zwiebelwürfel verrühren und mit Salz, Pfeffer, Chilipulver und Koriander würzen. Salat mit Dressing mischen und mit Batatenauflauf servieren.

Die Süßkartoffel ist…

… auch als Batate bekannt und hat ihren Ursprung in Südamerika. Obwohl sie mit der Speisekartoffel botanisch nicht verwandt ist, wird sie genauso gelagert und verarbeitet. Der enthaltene Zucker gibt ihr den süßlichen Beigeschmack.

AUFLÄUFE, GRATINS & CO.

Spätzleauflauf mit Roastbeef

Fertig in: 45 Minuten
davon im Ofen: 15 Minuten

Für 4 Personen:
200 g trockene Spätzle
Salz
1 Zwiebel
300 g Roastbeef
500 g braune Champignons
4 Gewürzgurken
1 TL Pflanzenöl
4 EL Mehl
400 ml Rinderfond
(ersatzweise Gemüsebrühe)
3 EL Crème légère
Pfeffer
4 TL Senf
2 EL gehackte Petersilie
80 g geriebener Käse,
30 % Fett i. Tr.
1 Salatgurke
150 g Magermilchjoghurt
2 EL Orangensaft
1 TL Zitronensaft
2 TL gehackter Dill

 2048 kJ
487 kcal

1. Nudeln nach Packungsanweisung in Salzwasser garen. Zwiebel schälen und in Ringe schneiden. Roastbeef trocken tupfen und in Streifen schneiden. Champignons trocken abreiben, Gewürzgurken abtropfen lassen und beides in Scheiben schneiden. Nudeln abtropfen lassen und in eine Auflaufform (ca. 20 x 30 cm) geben.

2. Backofen auf 180° C (Gas: Stufe 2, Umluft: 160° C) vorheizen. Öl in einer Pfanne erhitzen, Roastbeefstreifen darin rundherum anbraten und herausnehmen. Zwiebelringe und Champignonscheiben im Bratensatz anbraten, mit Mehl bestäuben, kurz anschwitzen, mit Rinderfond ablöschen und aufkochen.

3. Crème légère, Roastbeefstreifen und Gewürzgurkenscheiben unterheben und mit Salz, Pfeffer und 2 Teelöffeln Senf würzen. Petersilie unterrühren. Sauce über die Spätzle gießen, mit Käse bestreuen und im Backofen auf mittlerer Schiene ca. 15 Minuten überbacken.

4. Für den Salat Gurke waschen und in Scheiben hobeln. Joghurt mit Orangensaft, restlichem Senf, Zitronensaft und Dill verrühren, kräftig salzen und pfeffern. Gurkenscheiben mit Dressing mischen und mit Spätzleauflauf servieren.

AUFLÄUFE, GRATINS & CO.

Chiligarnelen mit Kürbis

Fertig in: 55 Minuten
davon im Ofen: 25 Minuten

Für 2 Personen:
2 Zwiebeln
400 g Kürbisfruchtfleisch
(z. B. Hokkaido)
1 rote Chilischote
je 1 gelbe und rote Paprika
2 EL Pinienkerne
2 TL Pflanzenöl
300 ml Tomatensaft
Salz
Pfeffer
1 TL Currypulver
240 g küchenfertige Garnelen
4 EL geriebener Käse,
30 % Fett i. Tr.

 1582 kJ
379 kcal

1. Zwiebeln schälen und mit Kürbis würfeln. Chilischote und Paprika waschen und entkernen, Chilischote in Ringe und Paprika in Streifen schneiden. Pinienkerne in einer Pfanne fettfrei rösten und herausnehmen. Backofen auf 180° C (Gas: Stufe 2, Umluft: 160° C) vorheizen.

2. Öl in der Pfanne erhitzen, Kürbis-, Zwiebelwürfel und Chiliringe darin ca. 3 Minuten anbraten und mit Tomatensaft ablöschen. Paprikastreifen dazugeben, mit Salz, Pfeffer und Currypulver würzen und weitere ca. 5 Minuten dünsten. Garnelen abspülen und trocken tupfen.

3. Kürbismischung mit Garnelen in eine Auflaufform (ca. 25 x 30 cm) geben, mit Käse und Pinienkernen bestreuen und im Backofen auf mittlerer Schiene ca. 20–25 Minuten backen. Chiligarnelen mit Kürbis servieren.

Servieren Sie den Auflauf...

... entweder mit 80 g trockener Wildreis-Mischung, nach Packungsanweisung in Salzwasser gegart, oder mit 4 Scheiben Baguette. Der *ProPoints*® Wert pro Person erhöht sich jeweils auf 11.

Ofenhits – Geschmortes & Gebratenes

Braten und Schmorgerichte gelingen im Ofen ganz leicht. Ob superzartes Fleisch, aromatisches Gemüse oder krosse Snacks – mit diesen Rezepten wird alles zum Hit!

Putenbraten süß & feurig

Fertig in: 65 Minuten
davon im Ofen: 45 Minuten

Für 4 Personen:
2 EL körniger Senf
6 TL Honig
200 ml Orangensaft
Salz
Chiliflocken
1 kg Putenbrust
4 TL Pflanzenöl
8 Schalotten
3 Nelken
5 Pimentkörner
300 ml Geflügelfond
1 EL dunkler Saucenbinder

1. Senf, Honig und 50 ml Orangensaft verrühren und mit Salz und Chiliflocken würzen. Putenbrust abspülen, trocken tupfen und mit der Marinade einreiben. Öl in einem Bräter erhitzen und Putenbrust darin ca. 5–10 Minuten rundherum kräftig anbraten. Backofen auf 200° C (Gas: Stufe 3, Umluft: 180° C) vorheizen.

2. Schalotten schälen und je nach Größe halbieren oder vierteln, mit Nelken und Pimentkörnern in den Bräter geben. Geflügelfond und restlichen Orangensaft angießen und zugedeckt im Backofen ca. 45 Minuten schmoren lassen. Dabei ab und zu mit Bratsud übergießen.

3. Putenbraten herausnehmen, in Scheiben schneiden und warm stellen. Saucenbinder zum Schalottensud geben, kurz aufkochen und mit Putenbraten servieren.

 1604 kJ
384 kcal

Schweinebraten ganz klassisch

Fertig in: 95 Minuten
davon im Ofen: 70 Minuten

Für 4 Personen:
3 Karotten
200 g Sellerie
2 Stangen Lauch
1 kg magerer Schweinebraten
Salz
Pfeffer
4 TL Pflanzenöl
2 Lorbeerblätter
3 EL Tomatenmark
750 ml Gemüsebrühe (3 TL Instantpulver)

1. Karotten und Sellerie schälen und in Würfel schneiden. Lauch waschen und in Ringe schneiden. Schweinebraten trocken tupfen und mit Salz und Pfeffer würzen. Öl in einem Bräter erhitzen und Schweinebraten mit Gemüse darin ca. 8 Minuten rundherum kräftig anbraten. Backofen auf 200° C (Gas: Stufe 3, Umluft: 180° C) vorheizen.

2. Braten herausnehmen, Lorbeerblätter hinzufügen und Tomatenmark einrühren. Kurz anrösten und mit Gemüsebrühe ablöschen. Braten in den Sud setzen und zugedeckt im Backofen ca. 70 Minuten schmoren lassen.

3. Braten, Lorbeerblätter und einige Gemüsestücke herausnehmen, Sauce sehr fein pürieren und mit Salz und Pfeffer abschmecken. Braten in Scheiben schneiden und mit Sauce und Gemüsestücken servieren.

 1897 kJ
444 kcal

OFENHITS – GESCHMORTES & GEBRATENES

OFENHITS – GESCHMORTES & GEBRATENES

Mangohuhn mit Tomaten

Fertig in: 70 Minuten
davon im Ofen: 45 Minuten

Für 2 Personen:
400 g Hähnchenbrustfilet
Salz
Chilipulver
2 rote Zwiebeln
4 Aprikosen
1 kleine Mango
2 TL Pflanzenöl
400 g stückige Tomaten
1 TL Zimtpulver
1 TL Kardamom
80 g trockener Basmatireis

pro Person

2098 kJ
500 kcal

1. Hähnchenbrustfilet abspülen, trocken tupfen und in Streifen schneiden. Mit Salz und Chilipulver würzen und in eine Auflaufform (ca. 20 x 30 cm) geben. Zwiebeln schälen und in Spalten schneiden. Aprikosen waschen, halbieren und die Kerne entfernen. Mango schälen, das Fruchtfleisch vom Stein schneiden und mit Aprikosen würfeln. Backofen auf 200° C (Gas: Stufe 3, Umluft: 180° C) vorheizen.

2. Öl in einer Pfanne erhitzen, Zwiebelspalten darin ca. 5 Minuten dünsten und mit Tomaten ablöschen. Aprikosen- und Mangowürfel zufügen. Mit Salz, Chilipulver, Zimtpulver und Kardamom würzen, über das Fleisch geben und im Backofen auf mittlerer Schiene ca. 40–45 Minuten backen. Reis nach Packungsanweisung in Salzwasser garen und mit Mangohuhn servieren.

Ofenratatouille mit Thymiankartoffeln

Fertig in: 60 Minuten
davon im Ofen: 40 Minuten

Für 4 Personen:
1 Aubergine
2 Zucchini
je 1 rote, grüne und gelbe Paprika
5 Tomaten
2 Zwiebeln
2 Knoblauchzehen
10 schwarze Oliven, ohne Stein
Salz
Pfeffer
2 TL getrocknete Kräuter der Provence
4 TL Olivenöl
1 kg festkochende Kartoffeln
1 TL gehackter Thymian
4 EL geriebener Parmesan

pro Person 1379 kJ
330 kcal

1. Backofen auf 200° C (Gas: Stufe 3, Umluft: 180° C) vorheizen. Aubergine, Zucchini, Paprika und Tomaten waschen. Paprika entkernen und mit restlichem Gemüse grob würfeln. Zwiebeln schälen und mit Knoblauch würfeln. Oliven in Ringe schneiden. Gemüse auf einer Fettpfanne oder in einer großen Auflaufform (ca. 30 x 40 cm) verteilen. Mit Salz, Pfeffer und Kräutern der Provence würzen und mit 2 Teelöffeln Öl beträufeln. Im Backofen auf mittlerer Schiene ca. 35–40 Minuten garen und zwischendurch mehrmals wenden.

2. Kartoffeln waschen und mit Schale ca. 20–25 Minuten in Salzwasser garen. Abgießen, pellen und in Scheiben schneiden. Restliches Öl in einer Pfanne erhitzen und Kartoffelscheiben darin goldbraun braten. Mit Salz, Pfeffer und Thymian würzen. Ofenratatouille mit Parmesan bestreuen und mit Thymiankartoffeln servieren.

OFENHITS – GESCHMORTES & GEBRATENES

Ofenfilet mit Pilzen

Fertig in: 55 Minuten
davon im Ofen: 30 Minuten

Für 2 Personen:
400 g Schweinefilet
Salz
Pfeffer
2 Zwiebeln
500 g gemischte Pilze
(z. B. Champignons,
Austernpilze, Shiitake)
1 TL Pflanzenöl
100 g Cremefine zum
Verfeinern (ersatzweise
5 EL Schmand)
3 EL Frischkäse,
bis 1 % Fett absolut
1 EL Speisestärke
2 EL Wasser
2 EL gehackte Petersilie
2 Scheiben Baguette

1. Schweinefilet trocken tupfen und in ca. 1,5 cm dicke Scheiben schneiden. Mit Salz und Pfeffer würzen und in eine Auflaufform (ca. 25 x 30 cm) legen. Zwiebeln schälen und in feine Ringe schneiden. Pilze trocken abreiben und in Stücke schneiden. Backofen auf 180° C (Gas: Stufe 2, Umluft: 160° C) vorheizen.

2. Öl in einer Pfanne erhitzen, Zwiebelringe und Pilzstücke hineingeben, salzen und ca. 5 Minuten dünsten. Mit Cremefine und Frischkäse verfeinern. Stärke mit Wasser anrühren, zur Sauce geben und ca. 1 Minute köcheln lassen. Sauce mit Salz, Pfeffer und Petersilie würzen.

3. Pilzsauce über die Filetscheiben gießen und im Backofen auf mittlerer Schiene ca. 25–30 Minuten garen. Ofenfilet mit Baguette servieren.

pro Person | 2045 kJ
488 kcal

Dazu passt Salat mit Feigendressing:

Dafür 2 Feigen in feinen Würfeln mit 3–4 EL Weißweinessig, 1–2 TL Senf, 1 TL Pflanzenöl und 3 EL Apfelsaft verrühren und mit Salz, Pfeffer und 1 Prise Zucker abschmecken. Dressing mit 150 g Feldsalat vermischen und servieren. Der *ProPoints*® Wert pro Person erhöht sich auf 12.

OFENHITS – GESCHMORTES & GEBRATENES

Kräuter-Zwiebel-Fisch aus dem Ofen

Fertig in: 55 Minuten
davon im Ofen: 35 Minuten

Für 2 Personen:
1 Zwiebel
1 Knoblauchzehe
1/2 Bund Basilikum
1/2 Bund Petersilie
4 Zweige Thymian
2 Kabeljaufilets (à 125 g)
Salz
Pfeffer
400 g Cocktailtomaten
2 Zucchini (400 g)
2 TL Olivenöl
4 Scheiben Ciabatta

1390 kJ
332 kcal

1. Backofen auf 180° C (Gas: Stufe 2, Umluft: 160° C) vorheizen. Zwiebel schälen und mit Knoblauch fein würfeln. Basilikum, Petersilie und Thymian waschen, trocken schütteln, Blätter abzupfen und hacken. Kräuter mit Zwiebel- und Knoblauchwürfeln mischen. Fischfilets abspülen, trocken tupfen, mit Salz und Pfeffer würzen und in eine Auflaufform (ca. 20 x 30 cm) geben. Kräuter-Zwiebel-Mischung auf dem Fisch verteilen.

2. Tomaten und Zucchini waschen, Tomaten halbieren und Zucchini in Stücke schneiden. Mit Olivenöl, Salz und Pfeffer mischen und um den Fisch herum verteilen. Im Backofen auf mittlerer Schiene ca. 30–35 Minuten backen. Kräuter-Zwiebel-Fisch mit Gemüse und Ciabatta servieren.

Tipp:
Sie können den Kräuter-Zwiebel-Fisch statt mit Ciabatta auch mit 80 g trockenem Langkornreis, nach Packungsanweisung in Salzwasser gegart, servieren. Der *ProPoints®* Wert pro Person ändert sich nicht.

OFENHITS – GESCHMORTES & GEBRATENES

Hackbraten mit Ei

Fertig in: 80 Minuten
davon im Ofen: 60 Minuten

Für 6 Personen:
3 Eier
3 Zwiebeln
2 Gewürzgurken
800 g Tatar
4 EL Paniermehl
3 TL scharfer Senf
Salz
Pfeffer
Paprikapulver
1 TL getrockneter Majoran
300 g trockene Bandnudeln
300 g Karotten
4 Tomaten
1 TL Pflanzenöl
150 ml Gemüsebrühe
(1/2 TL Instantpulver)
4 EL Cremefine zum Verfeinern
(ersatzweise 3 EL Schmand)
1 Prise Zucker
2 EL gehackte Petersilie

 1893 kJ
450 kcal

1. 2 Eier in kochendem Wasser ca. 10 Minuten hart kochen, abschrecken und schälen. Backofen auf 200° C (Gas: Stufe 3, Umluft: 180° C) vorheizen. Zwiebeln schälen. 1 Zwiebel mit Gewürzgurken in kleine Würfel schneiden. Tatar, Paniermehl, Senf, restliches Ei, Zwiebel- und Gewürzgurkenwürfel zu einer Masse verkneten. Mit Salz, Pfeffer, 1 Teelöffel Paprikapulver und Majoran würzen.

2. Tatarmasse zu einem länglichen Laib formen, gekochte Eier in einer Reihe in die Mitte legen und Tatarmasse darüber gut zusammendrücken. Hackbraten in eine mit Backpapier ausgelegte Kastenform (ca. 10 x 25 cm) geben und im Backofen auf mittlerer Schiene ca. 1 Stunde garen.

3. Nudeln nach Packungsanweisung in Salzwasser garen. Karotten schälen und in Stifte scheiden. Tomaten waschen und achteln, restliche Zwiebeln vierteln. Öl in einer Pfanne erhitzen und Zwiebelviertel darin kurz anbraten. Tomatenachtel und Karottenstifte zugeben, Brühe angießen und ca. 5 Minuten dünsten. Mit Cremefine und Zucker verfeinern und mit Salz, Pfeffer und Paprikapulver abschmecken. Nudeln abgießen. Hackbraten herausnehmen, mit Petersilie bestreuen, in Scheiben schneiden und mit Gemüsesauce und Nudeln servieren.

Senfkrustenbraten mit Karotten

Fertig in: 90 Minuten
davon im Ofen: 60 Minuten

Für 4 Personen:
1 kg magerer Schweinebraten
Salz, Pfeffer
1 EL Pflanzenöl
520 ml Wasser
1 Scheibe Toast
2 EL gehackter Kerbel
4 EL mittelscharfer Senf
800 g festkochende Kartoffeln
1,5 kg Karotten
200 ml Gemüsebrühe (1 TL Instantpulver)
1 TL Honig
2 TL gehackter Thymian
3 EL Frischkäse, bis 1 % Fett absolut
2 EL Speisestärke

1. Backofen auf 200° C (Gas: Stufe 3, Umluft: 180° C) vorheizen. Braten trocken tupfen, salzen und pfeffern. Öl in einem Bräter erhitzen, Braten darin ca. 8–10 Minuten anbraten. 500 ml Wasser angießen und zugedeckt im Backofen ca. 40 Minuten schmoren. Toast zerreiben, mit Kerbel und Senf verkneten, Braten damit bestreichen und ohne Deckel weitere ca. 20 Minuten garen.

2. Kartoffeln und Karotten schälen, Karotten in Scheiben schneiden. Kartoffeln in Salzwasser ca. 20 Minuten, Karotten mit Brühe, Honig und Thymian ca. 20 Minuten garen. Karotten mit Frischkäse verfeinern, salzen und pfeffern, Kartoffeln abgießen.

3. Braten herausnehmen, abgedeckt ca. 10 Minuten ruhen lassen und in Scheiben schneiden. Stärke mit restlichem Wasser anrühren, in den Bratensatz rühren, ca. 1 Minute köcheln, salzen und pfeffern. Senfkrustenbraten mit Sauce, Kartoffeln und Karotten servieren.

2696 kJ
645 kcal

Chicken Wings „Hot & Spicy"

Fertig in: 1 Stunde 40 Minuten
davon Marinierzeit: 60 Minuten
davon im Ofen: 30 Minuten

Für 2 Personen:
1 rote Chilischote
1 Zwiebel
1 Knoblauchzehe
1/2 TL getrockneter Thymian
einige Tropfen Tabasco
1 EL Sojasauce
2 TL Pflanzenöl
1 EL Gemüsebrühe (1 Prise Instantpulver)
Salz, Pfeffer
6 Hähnchenflügel (à 60 g)

1. Für die Marinade Chilischote waschen und entkernen, Zwiebel schälen und beides mit Knoblauch in Würfel schneiden. Mit Thymian, Tabasco, Sojasauce, Öl und Brühe pürieren, salzen und pfeffern. Hähnchenflügel abspülen und trocken tupfen. Mit Marinade in einen Gefrierbeutel geben, gut verkneten und im Kühlschrank ca. 60 Minuten marinieren. Backofen auf 200° C (Gas: Stufe 3, Umluft: 180° C) vorheizen.

2. Chicken Wings auf ein mit Backpapier ausgelegtes Backblech legen und im Backofen auf mittlerer Schiene ca. 30 Minuten backen. Den Backofen ca. 5 Minuten vor Ende der Garzeit auf Oberhitze oder Grill stellen und die Chicken Wings knusprig backen.

1826 kJ
436 kcal

> **Tipp:**
> Falls Kinder mitessen, lassen Sie die Chilischote einfach weg. Der *ProPoints®* Wert pro Person ändert sich nicht.

OFENHITS – GESCHMORTES & GEBRATENES

Dazu schmeckt ein Weißkohlsalat:

Dafür 1/2 Weißkohl in feinen Streifen mit 125 ml lauwarmer Gemüsebrühe (1/2 TL Instantpulver) vermischen, mit 2–3 EL hellem Balsamicoessig, Salz, Pfeffer und 1 TL Honig würzen und nach Wunsch mit bunten Paprikawürfeln und Kräutern verfeinern. Der *ProPoints*® Wert pro Person ändert sich nicht.

Blechkartoffeln mit Fenchel und Linsen

Fertig in: 55 Minuten
davon im Ofen: 45 Minuten

Für 2 Personen:
600 g Drillinge (kleine Kartoffeln)
1 EL Olivenöl
1 1/2 TL Fenchelsamen
1 EL gehackter Rosmarin
Meersalz
Pfeffer
2 Fenchelknollen
2 Lauchzwiebeln
50 g trockene rote Linsen
200 ml Gemüsebrühe
(1 TL Instantpulver)
75 g Schafskäse light

1900 kJ
454 kcal

1. Backofen auf 200° C (Gas: Stufe 3, Umluft: 180° C) vorheizen. Kartoffeln waschen und größere Kartoffeln längs halbieren. Kartoffeln mit Öl, Fenchelsamen und Rosmarin mischen, salzen, pfeffern und auf einem Backblech verteilen. Im Backofen auf mittlerer Schiene ca. 35–45 Minuten garen, zwischendurch mehrmals wenden.

2. Fenchel und Lauchzwiebeln waschen. Fenchel halbieren, den Strunk entfernen und Fenchel in Streifen schneiden. Lauchzwiebeln in Ringe schneiden und einige Ringe zur Seite stellen. Lauchzwiebelringe und Fenchelstreifen ca. 20 Minuten vor Ende der Garzeit zu den Kartoffeln geben und mitgaren.

3. Rote Linsen in Brühe ca. 10 Minuten garen. Schafskäse in Würfel schneiden. Linsen abgießen und mit restlichen Lauchzwiebelringen zu den Kartoffeln geben. Auf Tellern verteilen und mit Schafskäse servieren.

OFENHITS – GESCHMORTES & GEBRATENES

Rinderbraten auf provenzalische Art

Marinierzeit: 12 Stunden
Fertig in: 1 Stunde 40 Minuten
davon im Ofen: 70 Minuten

Für 4 Personen:
2 TL Olivenöl
2 Knoblauchzehen
200 ml trockener Rotwein
100 ml Gemüsebrühe
(1 TL Instantpulver)
1 Zweig Thymian
2 Lorbeerblätter
2 EL gehackte Petersilie
500 g magerer Rinderbraten
6 Karotten
1 kleine Sellerieknolle
(ca. 400 g)
3 Zwiebeln
Salz
Pfeffer
10 grüne Oliven, pur, ohne Stein
800 g geschälte Tomaten
Paprikapulver
1 Prise Zucker
4 Scheiben Baguette

1. Für die Marinade Öl in einem Topf erhitzen, Knoblauch dazupressen und andünsten. Mit Rotwein und Brühe ablöschen. Thymian waschen, trocken schütteln, mit Lorbeerblättern und Petersilie zufügen und ca. 10 Minuten köcheln lassen. Marinade abkühlen lassen. Rinderbraten trocken tupfen, in eine Schüssel legen, mit der Marinade begießen und im Kühlschrank über Nacht ziehen lassen.

2. Backofen auf 200° C (Gas: Stufe 3, Umluft: 180° C) vorheizen. Karotten, Sellerie und Zwiebeln schälen. Karotten in Scheiben, Sellerie in Würfel und Zwiebeln in Ringe schneiden. Rinderbraten in einen Bräter setzen, Gemüse zugeben, Marinade angießen, salzen, pfeffern und im Backofen ca. 40 Minuten schmoren lassen.

3. Oliven in Ringe schneiden, mit geschälten Tomaten zum Braten geben und weitere ca. 30 Minuten schmoren. Braten herausnehmen und in Scheiben schneiden. Sauce mit Salz, Pfeffer, Paprikapulver und Zucker würzen. Rinderbraten mit Gemüsesauce und Brot servieren.

1871 kJ
446 kcal

Tipp:
Wenn Kinder mitessen, können Sie den Rotwein durch Tomatensaft ersetzen. Der *ProPoints*® Wert pro Person reduziert sich auf 7.

Auberginen mit Ziegenkäse-Tatar-Füllung

Fertig in: 60 Minuten
davon im Ofen: 30 Minuten

Für 4 Personen:
4 kleine Auberginen
Salz
1 Zwiebel
1 TL Pflanzenöl
360 g Tatar
3 EL Tomatenmark
5 EL Tomatensaft
Paprikapulver
1 TL getrocknete Lavendelblüten
Pfeffer
4 EL Ziegenfrischkäse
400 g Cocktailtomaten
2 gelbe Paprika
4 Ecken Fladenbrot

pro Person
1439 kJ
344 kcal

1. Auberginen waschen, längs halbieren, mit einem Löffel aushöhlen und Fruchtfleisch fein hacken. Auberginenhälften salzen und ca. 10 Minuten ziehen lassen. Zwiebel schälen und fein würfeln. Öl in einer Pfanne erhitzen und Zwiebelwürfel mit Tatar und Tomatenmark darin ca. 5 Minuten anbraten. Auberginenfleisch und Tomatensaft hinzufügen und mit Salz und Paprikapulver kräftig würzen. Lavendelblüten unterrühren.

2. Backofen auf 180° C (Gas: Stufe 2, Umluft: 160° C) vorheizen. Auberginenhälften mit Paprikapulver und Pfeffer würzen, mit Tatarmasse füllen und in eine Auflaufform (ca. 20 x 30 cm) setzen. Ziegenkäse grob zerbröseln und über die Auberginen geben.

3. Tomaten und Paprika waschen. Tomaten halbieren, Paprika entkernen und in grobe Stücke schneiden. Tomatenhälften und Paprikastücke um die Auberginen verteilen und mit Salz, Pfeffer und Paprikapulver würzen. Im Backofen auf mittlerer Schiene ca. 30 Minuten backen und mit Fladenbrot servieren.

Getrockneter Lavendel...

... ist in Reformhäusern, Apotheken und Bioläden erhältlich. Anstelle von Lavendel können Sie auch 2 TL getrockneten Thymian verwenden.

Zucchinisoufflé mit Tomatensauce

Fertig in: 55 Minuten
davon im Ofen: 25 Minuten

Für 1 Person:
2 TL Halbfettmargarine
1 EL Mehl
125 ml fettarme Milch
Salz, Pfeffer
1 Ei
3 EL feine Haferflocken
1 Zucchini
150 ml passierte Tomaten
1 TL gehackter Thymian

1. 1 Teelöffel Margarine in einem Topf schmelzen, Mehl darin goldgelb anschwitzen und unter Rühren mit Milch ablöschen. Aufkochen, mit Salz und Pfeffer würzen und leicht abkühlen lassen. Ei trennen, Eigelb und Haferflocken unterrühren. Backofen auf 175° C (Gas: Stufe 2, Umluft: 150° C) vorheizen.

2. Eine größere Souffléform mit restlicher Margarine fetten. Zucchini waschen, in feine Streifen schneiden und in die Haferflockenmasse geben. Eiweiß mit 1 Prise Salz steif schlagen und vorsichtig unterheben.

3. Soufflémasse in die Form füllen und in eine mit Wasser gefüllte Fettpfanne oder Auflaufform stellen. Zucchinisoufflé im Backofen auf mittlerer Schiene ca. 25 Minuten garen. Tomaten aufkochen, mit Thymian, Salz und Pfeffer abschmecken und Zucchinisoufflé mit Tomatensauce servieren.

pro Person 1744 kJ / 417 kcal

Zwiebelhähnchen mit Aprikosen und Chicorée

Fertig in: 65 Minuten
davon im Ofen: 35 Minuten

Für 4 Personen:
3 Gemüsezwiebeln
4 Chicorée
2 gelbe Paprika
2 TL Pflanzenöl
Salz, Pfeffer
Currypulver
150 ml Gemüsebrühe (1/2 TL Instantpulver)
3 TL Honig
4 Hähnchenbrustfilets (à 120 g)
200 g trockener Langkornreis
8 Aprikosen
1–2 EL Zitronensaft
2 EL Hüttenkäse, 20 % Fett i. Tr.

1. Zwiebeln schälen. Chicorée waschen und den Strunk entfernen. Paprika waschen und entkernen. Alles in Streifen schneiden. Backofen auf 180° C (Gas: Stufe 2, Umluft: 160° C) vorheizen. Öl in einer Pfanne erhitzen und Gemüsestreifen darin ca. 5–8 Minuten braten. Mit Salz, Pfeffer und Currypulver würzen und in eine Fettpfanne füllen. Brühe mit Honig verrühren und zugeben.

2. Hähnchenfilets abspülen, trocken tupfen, mit Salz, Pfeffer und Currypulver würzen und auf das Gemüse legen. Im Backofen auf mittlerer Schiene ca. 30–35 Minuten garen. Reis nach Packungsanweisung garen.

3. Aprikosen mit kochendem Wasser überbrühen, häuten, halbieren, die Steine entfernen und in Spalten schneiden. Kurz vor Ende der Garzeit zum Gemüse geben und erhitzen. Mit Zitronensaft, Salz und Pfeffer abschmecken. Hähnchen mit Hüttenkäse garnieren und mit Reis servieren.

pro Person 1866 kJ / 444 kcal

OFENHITS – GESCHMORTES & GEBRATENES

OFENHITS – GESCHMORTES & GEBRATENES

Gefüllte Tomaten und Pilze aus dem Ofen

Fertig in: 55 Minuten
davon im Ofen: 30 Minuten

Für 4 Personen:
4 Fleischtomaten
2 Schalotten
80 g Schafskäse light
1/4 Bund Basilikum
10 schwarze Oliven, ohne Stein
Salz
Pfeffer
1 EL heller Balsamicoessig
8 große Champignons
50 g Blattspinat
1 Knoblauchzehe
6 EL Frischkäse,
bis 1 % Fett absolut
1 TL Honig
1 TL gehackter Rosmarin
einige Blätter Majoran
4 Scheiben Ciabatta

pro Person
766 kJ
183 kcal

1. Tomaten waschen, einen Deckel abschneiden, zur Seite legen und Tomaten aushöhlen. Schalotten schälen und mit Tomatenfruchtfleisch und Schafskäse fein würfeln. Basilikum waschen, trocken schütteln, Blätter abzupfen und in Streifen schneiden. Oliven in Ringe schneiden. Alle Zutaten vermischen und mit Salz, Pfeffer und Essig abschmecken. Tomaten mit der Masse füllen und Deckel aufsetzen.

2. Backofen auf 200° C (Gas: Stufe 3, Umluft: 180° C) vorheizen. Champignons trocken abreiben und Stiele herausdrehen. Spinat waschen, trocken schleudern und mit Champignonstielen hacken. Knoblauch pressen. Alle Zutaten mit Frischkäse, Honig und Rosmarin vermengen, salzen, pfeffern und Masse in die Champignons füllen.

3. Gefüllte Tomaten und Champignons in je eine Auflaufform (ca. 20 x 35 cm) setzen und im Backofen auf mittlerer Schiene ca. 20–30 Minuten garen. Majoran waschen und trocken schütteln. Gefüllte Tomaten mit Majoran garnieren und mit gefüllten Pilzen und Ciabatta servieren.

Pizza, Quiche & Co.

Herrlich knuspriges Gebäck in allen Variationen! Belegt, gewickelt oder gerollt – mal saftig gefüllt, mal würzig überbacken. Diese herzhaften Backrezepte lassen keine Wünsche offen!

PIZZA, QUICHE & CO.

Zucchini-Chorizo-Kuchen

Fertig in: 70 Minuten
davon im Ofen: 30 Minuten

Für 12 Stücke:
150 g Magerquark
70 g Pflanzenöl
4 Eier
Salz
360 g Mehl
1 Päckchen Backpulver
5 Zucchini (ca. 1,3 kg)
120 g Chorizo in Scheiben
2 TL Olivenöl
Pfeffer
150 g saure Sahne
150 g Frischkäse,
bis 1 % Fett absolut
50 ml fettarme Milch
50 g geriebener Manchego
(ersatzweise Parmesan)
1/2 TL gehackter Thymian
2 Prisen geriebene Muskatnuss

1. Quark mit Öl, 2 Eiern und 1 Teelöffel Salz vermischen. 350 g Mehl mit Backpulver mischen, zugeben und zu einem glattem Teig verkneten. Arbeitsfläche mit restlichem Mehl bestäuben und Teig darauf ausrollen. Auf ein mit Backpapier ausgelegtes Backblech legen und dabei einen kleinen Rand formen. Backofen auf 180° C (Gas: Stufe 2, Umluft: 160° C) vorheizen.

2. Zucchini waschen und in dünne Scheiben schneiden. Chorizoscheiben vierteln. Olivenöl in einer Pfanne erhitzen, Zucchinischeiben und Chorizoviertel darin portionsweise jeweils ca. 5 Minuten anbraten. Mit Salz und Pfeffer würzen und auf dem Teig verteilen.

3. Saure Sahne mit Frischkäse, Milch, Manchego und restlichen Eiern verrühren. Mit Thymian, Muskatnuss, Salz und Pfeffer würzen und über den Zucchini-Chorizo-Kuchen geben. Im Backofen auf mittlerer Schiene ca. 30 Minuten backen und servieren.

pro Stück

1264 kJ
302 kcal

PIZZA, QUICHE & CO.

Tartes mit Rosenkohl und Cocktailtomaten

Fertig in: 1 Stunde 50 Minuten
davon Kühlzeit: 30 Minuten
davon im Ofen: 60 Minuten

Für 12 Stücke:
150 g Magerquark
3 EL Pflanzenöl
60 ml fettarme Milch
220 g Mehl
2 TL Backpulver
Salz
geriebene Muskatnuss
500 g Rosenkohl (ersatzweise TK)
2 Zwiebeln
250 g Crème légère
3 Eier
75 g magere Schinkenwürfel
Pfeffer
100 g Cocktailtomaten

pro Stück
754 kJ
178 kcal

1. Quark, 2 Esslöffel Öl und Milch verrühren. Mehl mit Backpulver und je 1 Prise Salz und Muskatnuss mischen und unterkneten. Teig zu einer Kugel formen und in Folie gewickelt ca. 30 Minuten kalt stellen. Rosenkohl putzen, Stielansatz kreuzweise einschneiden, in kochendem Salzwasser ca. 5 Minuten blanchieren und abtropfen lassen.

2. Backofen auf 180° C (Gas: Stufe 2, Umluft: 160° C) vorheizen. Zwiebeln schälen und würfeln. 1 Teelöffel Öl in einer Pfanne erhitzen, Zwiebelwürfel darin ca. 5 Minuten andünsten und etwas abkühlen lassen. Mit Crème légère, Eiern und Schinkenwürfeln vermischen und mit Salz und Pfeffer würzen.

3. 3 eckige Tarteformen (ca. 10 x 20 cm, ersatzweise 1 Tarteform Ø 26 cm) mit restlichem Öl einfetten. Teig in 3 Portionen teilen, zwischen Frischhaltefolie ausrollen, die Formen damit auskleiden und dabei einen Rand hochziehen. Im Backofen auf mittlerer Schiene ca. 10 Minuten vorbacken. Tomaten waschen, mit Rosenkohl auf den Teigböden verteilen. Crème légère-Eier-Masse darübergeben und Tartes weitere ca. 50 Minuten backen. Tartes aus dem Ofen nehmen, ca. 10 Minuten ruhen lassen, jeweils in 4 Stücke schneiden und servieren.

Lauchquiche mit Champignons

Fertig in: 75 Minuten
davon Kühlzeit: 30 Minuten
davon im Ofen: 35 Minuten

Für 12 Stücke:
240 g Mehl
90 g Halbfettmargarine
4 Eier
Salz
500 g Lauch
250 g Champignons
1 TL Olivenöl
Pfeffer
150 g saure Sahne
90 g Schmand
1 EL gehackte Petersilie
100 g geriebener Käse, 30 % Fett i. Tr.

 pro Stück
835 kJ
200 kcal

1. Mehl, Margarine, 1 Ei und 1/2 Teelöffel Salz zu einem glatten Teig verkneten. Zu einer Kugel formen und in Folie gewickelt ca. 30 Minuten kalt stellen.

2. Lauch waschen und Champignons trocken abreiben. Lauch in Ringe und Champignons in Scheiben schneiden. Öl in einer Pfanne erhitzen, Lauchringe und Champignonscheiben darin ca. 5 Minuten andünsten und mit Salz und Pfeffer würzen. Backofen auf 200° C (Gas: Stufe 3, Umluft: 180° C) vorheizen.

3. Teig zwischen Frischhaltefolie ausrollen und eine mit Backpapier ausgelegte Quicheform (Ø 26 cm) damit auskleiden. Lauch-Champignon-Mischung auf dem Teig verteilen. Saure Sahne mit Schmand, restlichen Eiern und Petersilie verquirlen und mit Salz und Pfeffer würzen. Guss über das Gemüse geben. Quiche mit Käse bestreuen, im Backofen auf mittlerer Schiene ca. 35 Minuten backen und servieren.

PIZZA, QUICHE & CO.

Variante:
Belegen Sie die Pizza zusätzlich mit frischem Gemüse, z. B. Pilzen oder Zucchini. Der *ProPoints*® Wert pro Stück ändert sich nicht.

Salamipizza mit Paprika

Fertig in: 1 Stunde 45 Minuten
davon Gehzeit: 45 Minuten
davon im Ofen: 35 Minuten

Für 12 Stücke:
1 Würfel Hefe
1 Prise Zucker
180 ml lauwarmes Wasser
320 g Mehl
2 TL Olivenöl
Salz
1 große rote Paprika
1 Packung Weight Watchers Premium Salami (80 g)
200 g passierte Tomaten
Pfeffer
1 TL Pizzagewürz (ersatzweise Oregano)
170 g geriebener Käse, 30 % Fett i. Tr.

1. Hefe zerbröckeln und mit Zucker in Wasser auflösen. Mehl in eine Schüssel geben, in die Mitte eine Vertiefung drücken und aufgelöste Hefe hineingießen. Mit etwas Mehl verrühren und Vorteig an einem warmen Ort zugedeckt ca. 15 Minuten gehen lassen.

2. Öl und 1/2 Teelöffel Salz zum Vorteig geben. Zu einem glatten Teig verkneten und weitere ca. 30 Minuten gehen lassen. Backofen auf 180° C (Gas: Stufe 2, Umluft: 160° C) vorheizen. Teig gut durchkneten und auf einem mit Backpapier ausgelegten Backblech ausrollen.

3. Paprika waschen, entkernen und mit Salami in Streifen schneiden. Passierte Tomaten mit Salz, Pfeffer und Pizzagewürz würzen und Teig damit bestreichen. Mit Salami- und Paprikastreifen belegen. Salamipizza mit Käse bestreuen, im Backofen auf mittlerer Schiene ca. 35 Minuten backen und servieren.

 665 kJ
159 kcal

Gyrospizza mit Schafskäse

Fertig in: 65 Minuten
davon im Ofen: 35 Minuten

Für 12 Stücke:
360 g Putenschnitzel
2 Gemüsezwiebeln
je 1 grüne und gelbe Paprika
2 Knoblauchzehen
2 TL Pflanzenöl
1 EL Gyrosgewürz
1 EL gehackter Oregano
Salz
Pfeffer
1 Packung Pizzateig (450 g, Kühltheke)
250 g passierte Tomaten
Paprikapulver
200 g Schafskäse light

1. Putenschnitzel abspülen, trocken tupfen und in Streifen schneiden. Zwiebeln schälen und in Ringe schneiden. Paprika waschen, entkernen und würfeln. Knoblauch pressen. Öl in einer Pfanne erhitzen, Putenstreifen zugeben, mit Gyrosgewürz würzen und ca. 2 Minuten rundherum braten. Zwiebelringe, Paprikawürfel und die Hälfte des Knoblauchs zufügen, weitere ca. 3–4 Minuten braten und mit Oregano, Salz und Pfeffer würzen. Backofen auf 180° C (Gas: Stufe 2, Umluft: 160° C) vorheizen.

2. Pizzateig nach Packungsanweisung auf einem mit Backpapier ausgelegten Backblech ausrollen. Teig mit Tomaten bestreichen und mit Salz und Paprikapulver würzen. Puten-Gemüse-Mischung auf der Tomatensauce verteilen. Schafskäse fein würfeln und darüberstreuen. Pizza im Backofen auf mittlerer Schiene ca. 35 Minuten backen und servieren.

 855 kJ
204 kcal

PIZZA, QUICHE & CO.

Käse-Schinken-Schnecken

Fertig in: 1 Stunde 50 Minuten
davon Gehzeit: 60 Minuten
davon im Ofen: 30 Minuten

Für 12 Stück:
1 Würfel Hefe
1 Prise Zucker
180 ml lauwarmes Wasser
320 g Mehl
2 TL Olivenöl
Salz
4 Scheiben gekochter Schinken
4 Scheiben Gouda,
30 % Fett i. Tr. (120 g)
1/2 TL getrockneter Oregano

pro Stück
 566 kJ
135 kcal

1. Hefe zerbröckeln und mit Zucker in Wasser auflösen. 310 g Mehl in eine Schüssel geben, in die Mitte eine Vertiefung drücken und aufgelöste Hefe hineingießen. Mit etwas Mehl verrühren und Vorteig an einem warmen Ort zugedeckt ca. 15 Minuten gehen lassen.

2. Öl und 1 Teelöffel Salz zum Vorteig geben, zu einem glatten Teig verkneten und weitere ca. 30 Minuten gehen lassen. Arbeitsfläche mit restlichem Mehl bestäuben. Teig nochmals durchkneten und darauf zu einem Rechteck (ca. 20 x 40 cm) ausrollen.

3. Teig mit Schinken- und Käsescheiben belegen und mit Oregano bestreuen. Von der langen Seite her aufrollen, gut andrücken und mit einem scharfen Messer in 12 Scheiben schneiden. Backofen auf 180° C (Gas: Stufe 2, Umluft: 160° C) vorheizen. Schnecken auf ein mit Backpapier ausgelegtes Backblech legen und weitere 15 Minuten gehen lassen. Schnecken im Backofen auf mittlerer Schiene ca. 30 Minuten backen, etwas abkühlen lassen und servieren.

Wenn es schnell gehen soll...

... können Sie einfach 450 g Hefeteig aus der Kühltheke nehmen. Der *ProPoints®* Wert pro Stück ändert sich nicht.

PIZZA, QUICHE & CO.

Pflaumen-Frischkäse-Tarte

Fertig in: 95 Minuten
davon Kühlzeit: 30 Minuten
davon im Ofen: 50 Minuten

Für 10 Stücke:
170 g Mehl
Salz
1 TL Zucker
2 Eier
120 g Halbfettmargarine
250 g rote Zwiebeln
500 g Pflaumen
4 Zweige Thymian
500 g getrocknete Bohnen
(zum Blindbacken)
100 g Ziegenfrischkäse
150 g Frischkäse,
bis 1 % Fett absolut
125 ml fettarme Milch
2 EL Speisestärke
Pfeffer

pro Stück

784 kJ
187 kcal

1. Mehl mit Salz, Zucker, 1 Ei und 110 g Margarine verkneten und in Folie gewickelt ca. 30 Minuten kalt stellen. Zwiebeln schälen und in Streifen schneiden. Pflaumen waschen, halbieren, die Steine entfernen und Pflaumen in Spalten schneiden. Thymian waschen, trocken schütteln, Blättchen abzupfen und fein hacken. Backofen auf 200° C (Gas: Stufe 3, Umluft: 180° C) vorheizen.

2. Tarteform (Ø 26 cm) mit restlicher Margarine einfetten. Teig zwischen Frischhaltefolie ausrollen und die Form damit auskleiden, dabei einen Rand hochziehen. Teig mit Backpapier belegen, mit Bohnen beschweren und im Backofen auf mittlerer Schiene ca. 10 Minuten blind backen. Backpapier samt Bohnen entfernen und Teig weitere ca. 10 Minuten backen.

3. Zwiebelstreifen und Pflaumenspalten in einer Pfanne fettfrei ca. 10 Minuten andünsten, Thymian zugeben und Masse auf dem Teigboden verteilen. Ziegenfrischkäse mit Frischkäse, restlichem Ei, Milch und Stärke verrühren, salzen, pfeffern und über die Tarte geben. Im Backofen auf mittlerer Schiene weitere ca. 30 Minuten fertig backen und servieren.

Gemüse-Tatar-Strudel

Fertig in: 80 Minuten
davon Ruhezeit: 30 Minuten
davon im Ofen: 35 Minuten

Für 12 Stücke:
170 g Mehl
3 EL Pflanzenöl
Salz
75 ml Wasser
1 EL Weißweinessig
1 Zwiebel
2 Karotten
1 Knoblauchzehe
1 Zucchini
1 rote Paprika
200 g Tatar
Pfeffer
2 EL Tomatenmark
100 g Frischkäse, bis 1 % Fett absolut
1/2 TL gehackter Rosmarin
1/2 TL Paprikapulver
1 EL Halbfettmargarine

 467 kJ
112 kcal

1. 150 g Mehl, 2 Esslöffel Öl, 1/2 Teelöffel Salz, Wasser und Essig zu einem Teig verkneten und zugedeckt ca. 30 Minuten ruhen lassen. Zwiebel und Karotten schälen und in kleine Würfel schneiden. Knoblauch pressen. Zucchini und Paprika waschen. Paprika entkernen und mit Zucchini in kleine Würfel schneiden.

2. Restliches Öl in einer Pfanne erhitzen, Tatar mit Zwiebelwürfeln und Knoblauch darin ca. 4 Minuten anbraten, salzen und pfeffern. Karotten-, Zucchini- und Paprikawürfel zugeben und ca. 3 Minuten mitbraten. Tomatenmark und Frischkäse unterrühren und mit Salz, Pfeffer, Rosmarin und Paprikapulver abschmecken. Backofen auf 200° C (Gas: Stufe 3, Umluft: 180° C) vorheizen.

3. Ein Geschirrtuch mit restlichem Mehl bestäuben und Teig darauf dünn zu einem Rechteck ausrollen. Teig mit Gemüse-Tatar-Masse belegen und dabei einen Rand frei lassen. Strudel mit Hilfe des Tuchs von der langen Seite her aufrollen und auf ein mit Backpapier ausgelegtes Backblech geben. Margarine schmelzen und Strudel damit bestreichen. Im Backofen auf mittlerer Schiene ca. 35 Minuten backen und servieren.

Besonders pikant schmeckt...

... der Gemüse-Tatar-Strudel, wenn Sie das Mehl durch Dinkelvollkornmehl ersetzen. Der *ProPoints*® Wert pro Stück ändert sich nicht.

Broccoli-Spargel-Quiche: Die Quiche lässt sich in der Saison auch hervorragend mit grünem Spargel zubereiten, den Sie in Stücke geschnitten ca. 5 Minuten vorgaren.

Broccoli-Lachs-Quiche

Fertig in: 75 Minuten
davon Kühlzeit: 30 Minuten
davon im Ofen: 30 Minuten

Für 12 Stücke:
3 Eier
240 g Mehl
Salz, Pfeffer
2 EL gehackte Petersilie
90 g Halbfettmargarine
6 EL Wasser
1 kg Broccoli
300 g Magerquark
2 TL gehackter Dill
125 ml fettarme Milch
100 ml Gemüsebrühe (1/2 TL Instantpulver)
120 g Räucherlachs

1. 1 Ei trennen. Mehl, 1 Teelöffel Salz, Petersilie, Margarine, Wasser und Eigelb zu einem glatten Teig verkneten und in Folie gewickelt ca. 30 Minuten kalt stellen.

2. Für den Belag Broccoli waschen, in Röschen teilen und in kochendem Salzwasser ca. 5 Minuten garen. Broccoliröschen abgießen und Kochwasser dabei auffangen. Quark mit Eiweiß, restlichen Eiern, Dill, Milch, 100 ml Broccolikochwasser und Brühe verrühren, mit Salz und Pfeffer würzen. Lachs in Streifen schneiden.

3. Backofen auf 200° C (Gas: Stufe 3, Umluft: 180° C) vorheizen. Teig zwischen Frischhaltefolie ausrollen und eine mit Backpapier ausgelegte Quicheform (Ø 28 cm) damit auslegen, dabei einen Rand hochziehen. Broccoliröschen auf dem Teigboden verteilen, mit Lachsstreifen belegen und Quark-Eier-Milch darübergießen. Quiche im Backofen auf mittlerer Schiene ca. 30 Minuten backen und servieren.

pro Stück
722 kJ
173 kcal

Zwiebelkuchen vom Blech

Fertig in: 90 Minuten
davon Gehzeit: 40 Minuten
davon im Ofen: 30 Minuten

Für 12 Stücke:
400 g Mehl
Salz, Pfeffer
1 Päckchen Trockenhefe
200 ml lauwarmes Wasser
1 TL Kümmel
4 Gemüsezwiebeln
100 ml Gemüsebrühe (1/2 TL Instantpulver)
100 g gewürfelter Schinkenspeck
200 g Schmand
1 Ei
1/2 TL getrockneter Thymian

1. Für den Teig 380 g Mehl, 1/2 Teelöffel Salz, Hefe, Wasser und Kümmel zu einem glatten Teig verkneten und zugedeckt an einem warmen Ort ca. 30–40 Minuten gehen lassen. Für den Belag Zwiebeln schälen, in feine Ringe schneiden und in einer Pfanne mit Brühe so lange andünsten, bis die komplette Flüssigkeit verdampft ist. Mit Schinkenspeck, Schmand, Ei und Thymian vermischen, mit Salz und Pfeffer kräftig würzen.

2. Backofen auf 200° C (Gas: Stufe 3, Umluft: 180° C) vorheizen. Teig gut durchkneten, Arbeitsfläche mit restlichem Mehl bestäuben, Teig darauf ausrollen und ein mit Backpapier ausgelegtes Backblech damit auslegen. Zwiebelmasse auf dem Teig verteilen. Zwiebelkuchen im Backofen auf mittlerer Schiene ca. 30 Minuten backen und servieren.

pro Stück
805 kJ
193 kcal

PIZZA, QUICHE & CO.

Flammkuchen mit Zwiebeln und Schinken

Fertig in: 95 Minuten
davon Gehzeit: 60 Minuten
davon im Ofen: 15 Minuten

Für 12 Stück:
1/2 Würfel Hefe
1 Prise Zucker
125 ml lauwarmes Wasser
250 g Mehl
2 EL Olivenöl
Salz
5 rote Zwiebeln
300 g saure Sahne
Pfeffer
300 g magere Schinkenwürfel
4 EL gehackte Petersilie
4 EL Schnittlauchringe

pro Stück 725 kJ
173 kcal

1. Hefe zerbröckeln, mit Zucker in Wasser auflösen. Mehl in eine Schüssel geben, in die Mitte eine Vertiefung drücken und aufgelöste Hefe hineingießen. Mit etwas Mehl verrühren und Vorteig an einem warmen Ort zugedeckt ca. 15 Minuten gehen lassen.

2. Öl und 1/2 Teelöffel Salz zum Vorteig geben. Zu einem glatten Teig verkneten und weitere ca. 30 Minuten gehen lassen. Teig nochmals gut durchkneten. Backofen auf 250° C (Gas: Stufe 5, Umluft: 220° C) vorheizen.

3. Teig in 12 Portionen teilen, zu dünnen Ovalen (ca. 10 x 20 cm) ausrollen und auf drei mit Backpapier ausgelegte Backbleche legen. Weitere ca. 15 Minuten gehen lassen. Zwiebeln schälen und in Ringe schneiden. Teig mit saurer Sahne bestreichen, salzen, pfeffern und mit Schinkenwürfeln und Zwiebelringen belegen. Im Backofen auf mittlerer Schiene ca. 10–15 Minuten backen. Flammkuchen mit Petersilie und Schnittlauch bestreut servieren.

Variante 1:

Bratkartoffelflammkuchen: 500 g festkochende Kartoffeln in dünnen Scheiben in 2 TL Pflanzenöl braten, salzen und pfeffern. 150 g Ziegenfrischkäse und 150 g saure Sahne verrühren, Teig damit bestreichen, mit Bratkartoffeln belegen, mit 1 TL gehacktem Rosmarin bestreuen und backen. Der *ProPoints*® Wert pro Stück erhöht sich auf 5.

Variante 2:

Gorgonzola-Birnen-Flammkuchen: 300 g Frischkäse (bis 1 % Fett absolut) mit 3 EL fettarmer Milch glatt rühren, Teig damit bestreichen. Mit 250 g Gorgonzola (55 % Fett i. Tr.) in Stücken, 2 kleinen Birnen in dünnen Scheiben und 3 EL Preiselbeeren (Konserve) belegen und backen. Der *ProPoints*® Wert pro Stück erhöht sich auf 5.

PIZZA, QUICHE & CO.

Kartoffel-Kürbis-Quiche

Fertig in: 85 Minuten
davon im Ofen: 45 Minuten

Für 12 Stücke:
150 g Mehl
1 TL Backpulver
Salz
3 EL Magerquark
3 EL Pflanzenöl
4 EL fettarme Milch
400 g festkochende Kartoffeln
1 rote Zwiebel
400 g Kürbisfleisch
(z. B. Hokkaido)
1 kleine Stange Lauch
75 g magere Schinkenwürfel
1 säuerlicher Apfel
(z. B. Cox Orange)
Pfeffer
2 Eier
200 g Frischkäse,
bis 1 % Fett absolut
100 g saure Sahne
1 EL Speisestärke
1 EL Petersilie
1 EL Schnittlauchringe
1 Prise geriebene Muskatnuss
100 g geriebener Appenzeller,
50 % Fett i. Tr.

1. Mehl mit Backpulver und 1/2 Teelöffel Salz mischen. Mit Quark, 2 Esslöffeln Öl und Milch zu einem glatten Teig verkneten, zwischen Frischhaltefolie rund ausrollen und eine mit Backpapier ausgelegte Springform (Ø 26 cm) damit auskleiden, dabei einen Rand hochziehen.

2. Kartoffeln und Zwiebel schälen, mit Kürbisfleisch würfeln. Lauch waschen und in Ringe schneiden. Restliches Öl in einer Pfanne erhitzen und Schinken-, Kartoffel-, Kürbis- und Zwiebelwürfel mit Lauchringen darin zugedeckt ca. 10 Minuten braten. Backofen auf 200° C (Gas: Stufe 3, Umluft: 180° C) vorheizen. Apfel waschen, vierteln, entkernen und würfeln. Apfelwürfel ca. 1 Minute mitbraten. Salzen, pfeffern und Masse auf den Teig geben.

3. Eier mit Frischkäse, saurer Sahne, Stärke, Petersilie und Schnittlauch verquirlen. Mit Muskatnuss, Salz und Pfeffer würzen und über die Kartoffelmasse gießen. Quiche mit Appenzeller bestreuen, im Backofen auf mittlerer Schiene ca. 40–45 Minuten backen und servieren.

pro Stück

825 kJ
197 kcal

PIZZA, QUICHE & CO.

Rosmarinmuffins mit mediterraner Füllung

Fertig in: 60 Minuten
davon im Ofen: 20 Minuten

Für 12 Stück:
1 Ei
150 g fettarmer Joghurt
60 g Pflanzenöl
50 g geriebener Parmesan
250 g Mehl
1/2 Päckchen Backpulver
2 TL getrockneter Rosmarin
Salz
Pfeffer
20 g getrocknete Tomaten, ohne Öl
4 schwarze Oliven, ohne Stein
250 g Magerquark
100 g Frischkäse, bis 1 % Fett absolut

1. Backofen auf 180° C (Gas: Stufe 2, Umluft: 160° C) vorheizen. Ei schaumig schlagen und mit Joghurt, Öl und Parmesan verrühren. Mehl mit Backpulver mischen und mit Rosmarin und 1 Teelöffel Salz unterrühren. Mulden eines Muffinblechs mit Papiermanschetten auslegen, Teig darin verteilen und im Backofen auf mittlerer Schiene ca. 15–20 Minuten backen.

2. Getrocknete Tomaten mit heißem Wasser überbrühen, ausdrücken und in Würfel schneiden. Oliven in Ringe schneiden. Tomatenwürfel und Olivenringe mit Quark und Frischkäse verrühren und mit Salz und Pfeffer abschmecken. Muffins etwas abkühlen lassen und Deckel abschneiden. Die unteren Muffinhälften mit Tomatenquark bestreichen, die Deckel aufsetzen und Rosmarinmuffins servieren.

pro Stück
694 kJ
166 kcal

Rosenkohlkuchen mit Tatar

Fertig in: 80 Minuten
davon Kühlzeit: 30 Minuten
davon im Ofen: 35 Minuten

Für 12 Stücke:
250 g Mehl
1 TL Backpulver
120 g Halbfettmargarine
1 Ei
Salz
1 kg Rosenkohl
1 TL Pflanzenöl
300 g Tatar
Pfeffer
400 g Frischkäse, bis 1 % Fett absolut
150 ml fettarme Milch
100 g geriebener Käse, 30 % Fett i. Tr.
Kümmel

pro Stück 914 kJ
218 kcal

1. Für den Teig Mehl mit Backpulver, Margarine, Ei und 1/2 Teelöffel Salz verkneten. In Folie gewickelt ca. 30 Minuten kalt stellen. Rosenkohl putzen, kreuzweise einschneiden und in kochendem Salzwasser ca. 10 Minuten vorgaren.

2. Öl in einer Pfanne erhitzen und Tatar darin krümelig braten. Mit Salz und Pfeffer würzen. Backofen auf 200° C (Gas: Stufe 3, Umluft: 180° C) vorheizen. Teig zwischen Frischhaltefolie ausrollen, eine mit Backpapier ausgelegte Fettpfanne damit auskleiden und dabei einen kleinen Rand hochziehen.

3. Rosenkohl abtropfen lassen und mit Tatar auf dem Teig verteilen. Frischkäse mit Milch verrühren, Käse unterheben und mit Salz, Pfeffer und Kümmel würzen. Käsemasse über den Kuchen geben. Im Backofen auf mittlerer Schiene ca. 30–35 Minuten backen und servieren.

Tipp:
Frischer Rosenkohl hat von Oktober bis Januar Saison. Außerhalb dieses Zeitraums können Sie auch TK-Rosenkohl verwenden. Er muss lediglich auftauen und kann dann auf dem Teig verteilt werden.

Ziegenkäse-Gemüse-Quiche

Fertig in: 1 Stunde 40 Minuten
davon Kühlzeit: 30 Minuten
davon im Ofen: 65 Minuten

Für 12 Stücke:
150 g Mehl
1/2 TL Backpulver
2 Eier
Salz
50 g Halbfettmargarine
1 kleine Aubergine (ca. 200 g)
Pfeffer
100 g Cocktailtomaten
3 geröstete Paprika
(Konserve, ohne Öl)
80 g Ziegenfrischkäse
4 EL saure Sahne
1 TL gehackter Thymian
50 ml fettarme Milch
2 Prisen geriebene Muskatnuss
100 g geriebener Käse,
30 % Fett i. Tr.

 pro Stück
506 kJ
121 kcal

1. Mehl mit Backpulver, 1 Ei, 1/2 Teelöffel Salz und Margarine zu einem Teig verkneten und in Folie gewickelt ca. 30 Minuten kalt stellen. Backofen auf 180° C (Gas: Stufe 2, Umluft: 160° C) vorheizen. Aubergine waschen, in dünne Scheiben schneiden und mit Salz und Pfeffer würzen. Auberginenscheiben auf ein mit Backpapier ausgelegtes Backblech legen und im Backofen auf mittlerer Schiene ca. 20 Minuten vorbacken.

2. Teig zwischen Frischhaltefolie ausrollen und in eine mit Backpapier ausgelegte Springform (Ø 26 cm) geben, dabei einen Rand hochziehen. Mehrmals mit einer Gabel einstechen und im Backofen auf mittlerer Schiene ca. 15 Minuten vorbacken.

3. Tomaten waschen und halbieren. Paprika abtropfen lassen und in Streifen schneiden. Auberginenscheiben, Tomatenhälften und Paprikastreifen auf dem Teigboden verteilen und mit Salz und Pfeffer würzen. Ziegenfrischkäse mit saurer Sahne, restlichem Ei, Thymian und Milch verrühren. Mit Muskatnuss, Salz und Pfeffer würzen und über das Gemüse geben. Quiche mit Käse bestreuen, im Backofen auf mittlerer Schiene ca. 30 Minuten backen und servieren.

PIZZA, QUICHE & CO.

Mangold-Ricotta-Strudel

Fertig in: 80 Minuten
davon Ruhezeit: 30 Minuten
davon im Ofen: 30 Minuten

Für 10 Stücke:
50 g Halbfettmargarine
260 g Mehl
Salz
100 ml warmes Wasser
1 kleiner Mangold
2 Knoblauchzehen
1 EL Olivenöl
200 g Ricotta
2 EL gemischte gehackte Kräuter
(z. B. Dill, Petersilie, Majoran)
Pfeffer
2 Scheiben Räucherlachs (à 50 g)

 733 kJ
175 kcal

1. Margarine schmelzen und mit 250 g Mehl, 1 Prise Salz und Wasser zu einem glatten Teig verkneten. In Folie gewickelt ca. 30 Minuten ruhen lassen.

2. Für die Füllung Mangold waschen, trocken schleudern und weiße Stiele von den Blättern entfernen. Mangoldblätter in Streifen schneiden. Knoblauch pressen. Öl in einer Pfanne erhitzen und Knoblauch und Mangoldstreifen darin andünsten. Mit Ricotta und Kräutern verrühren und mit Salz und Pfeffer würzen. Lachs fein würfeln und untermischen. Backofen auf 200° C (Gas: Stufe 3, Umluft: 180° C) vorheizen.

3. Ein Küchentuch mit restlichem Mehl bestäuben, Teig darauf dünn rechteckig ausrollen und mit den Händen hauchdünn ziehen. Mangold-Ricotta-Masse darauf verteilen, dabei die Ränder freilassen und Strudel mit Hilfe des Tuchs aufrollen. Strudel auf ein mit Backpapier ausgelegtes Backblech setzen, im Backofen auf mittlerer Schiene ca. 30 Minuten backen und servieren.

PIZZA, QUICHE & CO.

Grünkohltarte mit Speck

Fertig in: 1 Stunde 40 Minuten
davon Kühlzeit: 30 Minuten
davon im Ofen: 50 Minuten

Für 6 Stücke:
240 g Mehl
100 g Halbfettmargarine
Salz
100 ml Wasser
600 g Grünkohl
2 Zwiebeln
1 TL Pflanzenöl
100 g magere Schinkenwürfel
100 ml Gemüsebrühe
(1/2 TL Instantpulver)
250 g Frischkäse,
bis 1 % Fett absolut
1 EL Senf
Pfeffer
100 g geriebener Käse,
30 % Fett i. Tr.

 1401 kJ
335 kcal

1. Für den Teig Mehl, Margarine, 1 Teelöffel Salz und Wasser verkneten. Zu einer Kugel formen und in Folie gewickelt ca. 30 Minuten kalt stellen.

2. Für den Belag Grünkohl waschen und hacken. In kochendem Salzwasser ca. 10 Minuten garen und gut abtropfen lassen. Zwiebeln schälen und würfeln. Öl in einem Topf erhitzen und Zwiebel- und Schinkenwürfel darin andünsten. Grünkohl und Brühe dazugeben und ca. 20 Minuten dünsten. Frischkäse mit Senf einrühren und mit Salz und Pfeffer kräftig würzen. Backofen auf 180° C (Gas: Stufe 2, Umluft: 160° C) vorheizen.

3. Teig zwischen Frischhaltefolie ausrollen, eine Tarteform (ca. 20 x 25 cm) damit auskleiden und dabei einen kleinen Rand hochziehen. Teigboden mit einer Gabel mehrmals einstechen und im Backofen auf mittlerer Schiene ca. 10 Minuten vorbacken. Grünkohlmasse in die Tarteform geben und mit Käse bestreuen. Tarte weitere ca. 35–40 Minuten backen und servieren.

Tipp:
Wer keine eckige Tarteform besitzt, kann auch eine runde Form (Ø 26 cm) verwenden.

PIZZA, QUICHE & CO.

Zwiebel-Schinken-Tarte

Fertig in: 90 Minuten
davon Kühlzeit: 30 Minuten
davon im Ofen: 40 Minuten

Für 12 Stücke:
3 Eier
230 g Mehl
120 g Halbfettmargarine
Salz
2 Gemüsezwiebeln
2 TL Olivenöl
75 g magere Schinkenwürfel
150 g saure Sahne
250 g Magerquark
1 TL Speisestärke
Pfeffer
1/4–1/2 TL Kümmel

pro Stück

789 kJ
189 kcal

1. 1 Ei trennen. Mehl, Eigelb, Margarine und 1/2 Teelöffel Salz zu einem Mürbeteig verkneten. Teig in Frischhaltefolie gewickelt ca. 30 Minuten kalt stellen. Zwiebeln schälen und in Streifen schneiden. Öl in einer Pfanne erhitzen und Zwiebelstreifen darin ca. 5 Minuten anbraten. Schinkenwürfel zugeben und ca. 2 Minuten mitbraten. Zwiebel-Schinken-Masse abkühlen lassen.

2. Mürbeteig zwischen Folie rund ausrollen und eine mit Backpapier ausgelegte Tarteform (Ø 28 cm) damit auskleiden. Backofen auf 200° C (Gas: Stufe 3, Umluft: 180° C) vorheizen.

3. Saure Sahne, Quark, Eiweiß, restliche Eier und Speisestärke verrühren. Mit Salz, Pfeffer und Kümmel würzen und mit der Zwiebel-Schinken-Masse verrühren. Auf den Teig geben und im Backofen auf mittlerer Schiene ca. 40 Minuten backen. Zwiebel-Schinken-Tarte nach Wunsch mit gehackter Petersilie und Zitronenthymian garniert servieren.

REGISTER NACH ALPHABET

A
Auberginen mit Ziegenkäse-Tatar-Füllung	67

B
Balsamicoente auf Birnenrotkohl	20
Batatenauflauf mit Red Snapper	40
Blechkartoffeln mit Fenchel und Linsen	63
Broccoli-Lachs-Quiche	89

C
Cannelloni mit Tunfisch-Frischkäse-Füllung	28
Chicken Wings „Hot & Spicy"	60
Chiligarnelen mit Kürbis	44

F
Flammkuchen mit Zwiebeln und Schinken	90

G
Gartengemüseauflauf mit Cremesauce	19
Gemüselasagne mit Pinienkernen	12
Gemüse-Tatar-Strudel	86
Gorgonzola-Nudel-Auflauf mit Walnüssen	39
Grünkohl-Kartoffel-Gratin	36
Grünkohltarte mit Speck	102
Gyrospizza mit Schafskäse	81

H
Hackbraten mit Ei	59

K
Kabeljaugratin mit Blumenkohl	23
Kartoffelauflauf „Tex Mex"	8
Kartoffel-Kürbis-Quiche	93
Käse-Schinken-Schnecken	82
Korianderhuhn auf Limettencouscous	15
Kräuter-Zwiebel-Fisch aus dem Ofen	56

L
Lauchquiche mit Champignons	78

M
Mangohuhn mit Tomaten	51
Mangold-Ricotta-Strudel	101
Meeresfrüchte-Tagliatelle aus dem Ofen	35

O
Ofenfilet mit Pilzen	55
Ofenratatouille mit Thymiankartoffeln	52

P
Pflaumen-Frischkäse-Tarte	85
Putenbraten süß & feurig	48

R
Reis-Tatar-Auflauf mit Aubergine	27
Rinderbraten auf provenzalische Art	64
Rosenkohlkuchen mit Tatar	97
Rosmarinmuffins mit mediterraner Füllung	94
Rote Bete mit Ziegenkäse-Honig-Kruste	24

S
Salamipizza mit Paprika	81
Schinken-Spargel-Auflauf	32
Schweinebraten ganz klassisch	48
Senfkrustenbraten mit Karotten	60
Spätzleauflauf mit Roastbeef	43

T
Tartes mit Rosenkohl und Cocktailtomaten	77
Thai-Auflauf mit Seeteufel	11
Tomaten und Pilze aus dem Ofen, gefüllte	71
Tortellini-Wirsing-Gratin	31

Z
Zanderfilet mit Cornflakeskruste	16
Ziegenkäse-Gemüse-Quiche	98
Zucchini-Chorizo-Kuchen	74
Zucchinisoufflé mit Tomatensauce	68
Zwiebelhähnchen mit Aprikosen und Chicorée	68
Zwiebelkuchen vom Blech	89
Zwiebel-Schinken-Tarte	105

REGISTER NACH ZUTATEN

Auberginen

Auberginen mit Ziegenkäse-Tatar-Füllung	67
Ofenratatouille mit Thymiankartoffeln	52
Reis-Tatar-Auflauf mit Aubergine	27
Ziegenkäse-Gemüse-Quiche	98

Blattspinat

Gefüllte Tomaten und Pilze aus dem Ofen	71
Gemüselasagne mit Pinienkernen	12

Blumenkohl & Broccoli

Broccoli-Lachs-Quiche	89
Kabeljaugratin mit Blumenkohl	23

Couscous

Korianderhuhn auf Limettencouscous	15

Fisch & Meeresfrüchte

Batatenauflauf mit Red Snapper	40
Broccoli-Lachs-Quiche	89
Cannelloni mit Tunfisch-Frischkäse-Füllung	28
Chiligarnelen mit Kürbis	44
Kabeljaugratin mit Blumenkohl	23
Kräuter-Zwiebel-Fisch aus dem Ofen	56
Mangold-Ricotta-Strudel	101
Meeresfrüchte-Tagliatelle aus dem Ofen	35
Thai-Auflauf mit Seeteufel	11
Zanderfilet mit Cornflakeskruste	16

Geflügel

Balsamicoente auf Birnenrotkohl	20
Chicken Wings „Hot & Spicy"	60
Gyrospizza mit Schafskäse	81
Korianderhuhn auf Limettencouscous	15
Mangohuhn mit Tomaten	51
Putenbraten süß & feurig	48
Zwiebelhähnchen mit Aprikosen und Chicorée	68

Karotten

Gartengemüseauflauf mit Cremesauce	19
Gemüselasagne mit Pinienkernen	12
Gemüse-Tatar-Strudel	86
Hackbraten mit Ei	59
Rinderbraten auf provenzalische Art	64
Schweinebraten ganz klassisch	48
Senfkrustenbraten mit Karotten	60

Kartoffeln

Batatenauflauf mit Red Snapper	40
Blechkartoffeln mit Fenchel und Linsen	63
Grünkohl-Kartoffel-Gratin	36
Kabeljaugratin mit Blumenkohl	23
Kartoffelauflauf „Tex Mex"	8
Kartoffel-Kürbis-Quiche	93
Ofenratatouille mit Thymiankartoffeln	52
Schinken-Spargel-Auflauf	32
Senfkrustenbraten mit Karotten	60
Zanderfilet mit Cornflakeskruste	16

Kohl

Balsamicoente auf Birnenrotkohl	20
Grünkohl-Kartoffel-Gratin	36
Grünkohltarte mit Speck	102
Rosenkohlkuchen mit Tatar	97
Tartes mit Rosenkohl und Cocktailtomaten	77
Tortellini-Wirsing-Gratin	31

REGISTER NACH ZUTATEN

Kürbis

Chiligarnelen mit Kürbis	44
Kartoffel-Kürbis-Quiche	93

Lauch & Lauchzwiebeln

Blechkartoffeln mit Fenchel und Linsen	63
Cannelloni mit Tunfisch-Frischkäse-Füllung	28
Kartoffel-Kürbis-Quiche	93
Lauchquiche mit Champignons	78
Rote Bete mit Ziegenkäse-Honig-Kruste	24
Schweinebraten ganz klassisch	48
Zanderfilet mit Cornflakeskruste	16

Mais

Gartengemüseauflauf mit Cremesauce	19
Kartoffelauflauf „Tex Mex"	8

Nudeln

Cannelloni mit Tunfisch-Frischkäse-Füllung	28
Gemüselasagne mit Pinienkernen	12
Gorgonzola-Nudel-Auflauf mit Walnüssen	39
Hackbraten mit Ei	59
Meeresfrüchte-Tagliatelle aus dem Ofen	35
Spätzleauflauf mit Roastbeef	43
Tortellini-Wirsing-Gratin	31

Obst

Balsamicoente auf Birnenrotkohl	20
Kartoffel-Kürbis-Quiche	93
Mangohuhn mit Tomaten	51
Pflaumen-Frischkäse-Tarte	85
Zwiebelhähnchen mit Aprikosen und Chicorée	68

Paprika

Auberginen mit Ziegenkäse-Tatar-Füllung	67
Chiligarnelen mit Kürbis	44
Gemüse-Tatar-Strudel	86
Gyrospizza mit Schafskäse	81
Ofenratatouille mit Thymiankartoffeln	52
Salamipizza mit Paprika	81
Thai-Auflauf mit Seeteufel	11
Tortellini-Wirsing-Gratin	31
Zwiebelhähnchen mit Aprikosen und Chicorée	68

Pilze

Gefüllte Tomaten und Pilze aus dem Ofen	71
Lauchquiche mit Champignons	78
Ofenfilet mit Pilzen	55
Spätzleauflauf mit Roastbeef	43

Reis

Mangohuhn mit Tomaten	51
Reis-Tatar-Auflauf mit Aubergine	27
Thai-Auflauf mit Seeteufel	11
Zwiebelhähnchen mit Aprikosen und Chicorée	68

Rindfleisch & Tatar

Auberginen mit Ziegenkäse-Tatar-Füllung	67
Gemüse-Tatar-Strudel	86
Hackbraten mit Ei	59
Kartoffelauflauf „Tex Mex"	8
Reis-Tatar-Auflauf mit Aubergine	27
Rinderbraten auf provenzalische Art	64
Rosenkohlkuchen mit Tatar	97
Spätzleauflauf mit Roastbeef	43

Rote Bete

Rote Bete mit Ziegenkäse-Honig-Kruste	24

Schweinefleisch & Schinken

Flammkuchen mit Zwiebeln und Schinken	90
Grünkohltarte mit Speck	102
Kartoffel-Kürbis-Quiche	93
Käse-Schinken-Schnecken	82
Ofenfilet mit Pilzen	55
Schinken-Spargel-Auflauf	32
Schweinebraten ganz klassisch	48
Senfkrustenbraten mit Karotten	60
Tartes mit Rosenkohl und Cocktailtomaten	77
Zucchini-Chorizo-Kuchen	74
Zwiebelkuchen vom Blech	89
Zwiebel-Schinken-Tarte	105

Sellerie

Gartengemüseauflauf mit Cremesauce	19
Rinderbraten auf provenzalische Art	64
Schweinebraten ganz klassisch	48

Spargel

Schinken-Spargel-Auflauf	32

Tomaten

Auberginen mit Ziegenkäse-Tatar-Füllung	67
Cannelloni mit Tunfisch-Frischkäse-Füllung	28
Gefüllte Tomaten und Pilze aus dem Ofen	71
Gemüselasagne mit Pinienkernen	12
Gorgonzola-Nudel-Auflauf mit Walnüssen	39
Gyrospizza mit Schafskäse	81
Hackbraten mit Ei	59
Kräuter-Zwiebel-Fisch aus dem Ofen	56
Mangohuhn mit Tomaten	51
Meeresfrüchte-Tagliatelle aus dem Ofen	35
Ofenratatouille mit Thymiankartoffeln	52
Reis-Tatar-Auflauf mit Aubergine	27
Rinderbraten auf provenzalische Art	64
Salamipizza mit Paprika	81
Tartes mit Rosenkohl und Cocktailtomaten	77
Zanderfilet mit Cornflakeskruste	16
Ziegenkäse-Gemüse-Quiche	98
Zucchinisoufflè mit Tomatensauce	68

Zucchini

Gemüse-Tatar-Strudel	86
Kräuter-Zwiebel-Fisch aus dem Ofen	56
Ofenratatouille mit Thymiankartoffeln	52
Zucchini-Chorizo-Kuchen	74
Zucchinisoufflé mit Tomatensauce	68

Zuckererbsenschoten

Gartengemüseauflauf mit Cremesauce	19
Thai-Auflauf mit Seeteufel	11

Jetzt liebe ich es, gesund zu kochen!

Seit Nadine das Weight Watchers Programm macht, genießt sie ein ganz neues Lebensgefühl, und ihre Familie und Freunde werden mit leckeren Mahlzeiten verwöhnt. Aber vor allem hat die 25-Jährige seither über 25 Kilo abgenommen und ihr Selbstvertrauen wiedergewonnen:

Ich lebe mit meiner Mutter und ihrem Freund in Bochum. Seit Anfang letzten Jahres bin ich fürs Kochen zuständig. Das war vor Kurzem noch unvorstellbar, denn da ging es immer nur darum, schnell mal irgendwas zwischendurch zu essen. Als ich mein Bachelor-Studium anfing, geriet mein Alltag völlig durcheinander, und zwischen Universität und Arbeit habe ich immer nur nebenbei gegessen. Ich habe relativ wenig gegessen, aber sehr fettig, gehaltvoll und ungesund. Es gab fast ausschließlich Pommes, Jägerwurst und sehr viel Süßkram. Ich nahm stetig zu, und irgendwann konnte ich nicht mehr ignorieren, dass ich Übergewicht hatte. Ich fühlte mich sehr unwohl und habe viel geweint. Klamotten zu kaufen war ein Horror für mich. Ich trug nur noch Leggings, und ich ging jedem Fotoapparat aus dem Weg.

Als ich dann doch ein Foto von mir sah, erschrak ich sehr. Mir wurde klar, dass es so nicht mehr weiter gehen konnte und dass ich sehr viel abnehmen musste – und zwar nachhaltig. Ich machte Nägel mit Köpfen und ging zum Weight Watchers Treffen in Herne-Eickel. Der Coach konnte mich sehr motivieren und die Atmosphäre in der Gruppe war toll, sodass ich mir diese Aufgabe zutraute. Ich ging jede Woche zum Treffen, das Programm gefiel mir gut und war ganz einfach in mein Leben zu integrieren. Der Austausch in der Gruppe gab mir den Halt nicht aufzugeben, und mit dem *ProPoints*® Plan lernte ich viel über gesunde Ernährung. Seitdem trinke ich viel mehr und esse jetzt regelmäßig: Es gibt Frühstück, Mittag- und Abendessen, und Obst und Gemüse stehen ganz oben auf meinem Speiseplan.

Kochen machte mir plötzlich Spaß, und ich erkannte, wie einfach es ist, Mahlzeiten für unterwegs vorzubereiten, mit etwas Planung gesunde und sättigende Gerichte für alle zu zaubern oder eine Party mit einem gesunden Buffet auszustatten. Allen schmeckte es, und bei mir purzelten die Pfunde! Bereits in der ersten Woche habe ich zwei Kilo abgenommen, und nach sieben Monaten war es vollbracht: Ich hatte mein Traumgewicht erreicht! Ich fühle mich viel fitter und bin glücklich und superstolz!
Wenn ich das geschafft habe, schaffe ich alles andere auch. Ich wünsche allen, die sich auch so ein Ziel gesetzt haben, viel Erfolg!

Wenn Sie wie Nadine durchstarten möchten, schauen Sie bei einem Weight Watchers Treffen in Ihrer Nähe vorbei:
www.weightwatchers.de/treffenfinden

www.weightwatchers.de/monatspass

„Meine Lieblingsrezepte aus diesem Kochbuch sind Thai-Auflauf mit Seeteufel (S. 11) und Auberginen mit Ziegenkäse-Tatar-Füllung (S. 67)."

IMPRESSUM

Redaktion:
Weight Watchers
Ewa Tacke, Claudia Thienel

Realisierung:
The Food Professionals Köhnen AG, Sprockhövel

Projektleitung:
Silke Höpker

Rezepte:
Insa Weißpfennig

Versuchsküche:
Alex Wittenstein

Fotografie:
Dirk Albrecht, Klaus Arras, Stefan Schulte-Ladbeck
Seiten U3, 2–6, 46, 72: Thinkstock

Foodstyling:
Katja Briol, Stefan Mungenast, Christa Schraa

Gestaltungskonzept und Grafik:
The Food Professionals Köhnen AG, Sprockhövel
Petra Penker, Stefan Windus

Druck:
Paffrath Print & Medien GmbH, Remscheid

3. Auflage 2014

ISBN 978-3-9814555-6-4

Info-Hotline 01802 – 23 45 64* (Deutschland)
www.weightwatchers.de

© 2014 Weight Watchers International, Inc. Der Nachdruck sowie die Verbreitung, auch auszugsweise, in jeder Form oder Weise dieses Buchs ist nur mit vorheriger schriftlicher Genehmigung des Herausgebers erlaubt. Alle Rechte vorbehalten. **Weight Watchers** ist die eingetragene Marke von Weight Watchers International, Inc. *ProPoints* und das *ProPoints* Zeichen sind eingetragene Marken von Weight Watchers International, Inc. Patent angemeldet.

*0,06 €/Anruf aus dem deutschen Festnetz. Mobilfunk höchstens 0,42 €/Minute.

PEFC zertifiziert
Dieses Papier stammt aus nachhaltig bewirtschafteten Wäldern und kontrollierten Quellen.

www.pefc.de